数控机床电气控制

（第4版）

主　编　陈子银　侯　春　黄美英

副主编　屈海军　刘海瑞　方小明
　　　　刘尔晨

参　编　张东伟　郑永生　袁　尹
　　　　黄实现　袁雪雷

北京理工大学出版社
BEIJING INSTITUTE OF TECHNOLOGY PRESS

内 容 简 介

本书是联合企业共同开发的产教融合教材，是与徐工集团徐州重型机械有限公司等企业并邀请全国技术能手、技能大师、正高级工程师等开展深度产教融合、校企合作的成果之一，从企业生产应用必需的角度系统地讲授了数控机床电气控制基础理论知识与核心技能要点，突出高素质技术技能人才培养质量，将产业新方法、新技术、新工艺、新标准引入教材。全书采用项目式任务驱动，共有 6 个项目，包括数控机床控制电路、数控机床电气原理图、计算机数控系统、数控机床伺服驱动系统、PLC 及其在数控机床电气控制中的应用、数控机床电气控制电路设计等。

本书可作为高职高专和中等职业学校教学用书，也可作为应用型本科教材参考书以及工厂维修人员的自学参考书，还可作为数控技术、机电一体化、机械制造与自动化等专业教学用书。

图书在版编目（CIP）数据

数控机床电气控制／陈子银，侯春，黄美英主编.

4 版. -- 北京 ：北京理工大学出版社，2025. 1.

ISBN 978-7-5763-4761-6

Ⅰ. TG659

中国国家版本馆 CIP 数据核字第 2025SH7136 号

责任编辑：多海鹏　　　**文案编辑**：多海鹏
责任校对：刘亚男　　　**责任印制**：李志强

出版发行／北京理工大学出版社有限责任公司
社　　址／北京市丰台区四合庄路 6 号
邮　　编／100070
电　　话／（010）68914026（教材售后服务热线）
　　　　　　　（010）63726648（课件资源服务热线）
网　　址／http://www.bitpress.com.cn

版 印 次／2025 年 1 月第 4 版第 1 次印刷
印　　刷／涿州市新华印刷有限公司
开　　本／787 mm×1092 mm　1/16
印　　张／11.5
字　　数／249 千字
定　　价／69.00 元

前　言

为适应产业转型升级和经济的高速发展，满足高职高专数控技术、机电一体化、机械制造与自动化等专业教学与人才培养要求，江苏安全技术职业学院联合徐工集团徐州重型机械有限公司等企业并邀请全国技术能手、技能大师、正高级工程师等在开展深度产教融合、校企合作的基础上，对产教融合教材《数控机床电气控制》进行改版。

为贯彻落实《习近平新时代中国特色社会主义思想进课程教材指南》文件要求和党的二十大精神，本书从企业生产应用必需的角度系统地讲授数控机床电气控制基础理论知识与核心技能要点，突出高素质技术技能人才培养质量，重在培养和提升学生利用数控机床电气控制相关理论与技能分析问题和解决问题的能力，通过学习掌握基本原理、基本方法，结合基本技能的训练和实践，从而达到本书的学习目标。

本书取材较好地结合专业特点，教学内容的深度和广度体现了先进性、实用性和应用性。本书以数控原理为理论基础，以数控机床的计算机数控系统、常用的低压电器、执行部件（进给伺服电动机、主轴电动机等）与控制部件（伺服驱动单元、PLC 可编程控制器等）及其组成的数控机床自动控制线路为主线，使学习者更好地掌握数控机床电气控制原理、结构及初步设计技能，并具有一定的数控机床电气控制设计的创新能力。本书在编写过程中融入产业新方法、新技术、新工艺、新标准，主要内容包括数控机床控制电路、数控机床电气原理图、计算机数控系统、数控机床伺服驱动系统、PLC 及其在数控机床电气控制中的应用、数控机床电气控制电路设计。

本书采用项目式任务驱动，共有 6 个项目。由江苏安全技术职业学院陈子银、侯春、黄美英任主编，屈海军、刘海瑞、方小明、刘尔晨任副主编，张东伟、郑永生参与编写，徐工集团徐州重型机械有限公司袁尹、黄实现、袁雪雷参与编写，全书由陈子银教授统稿。

限于编者的水平，许多问题还有待探讨。因此，本书的疏漏与不妥之处在所难免，恳请读者不吝赐教，并提出改进意见。

编　者

目　录

项目一　数控机床控制电路

任务一　电动机单向控制电路装调

任务描述

在工业、农业生产及日常生活中，三相交流电动机的使用比较普遍，尤其是三相异步电动机。三相异步电动机具有结构简单、坚固耐用、运行可靠、价格低廉、维护方便等优点。三相异步电动机被广泛地用在驱动各种砂轮机、金属切削机床、起重机、锻压机、传送带、锻造机械、功率不大的通风机及水泵等设备中。生产机械的运动部件时有的要求单向控制，有的要求双向控制。本任务将进行三相异步电动机单向控制电路的安装与调试。

任务目标

※知识目标

（1）掌握电器的概念、分类及结构组成。

（2）掌握接触器的功能、图形符号及文字符号、主要技术参数、型号意义、选择方法和使用注意事项。

（3）掌握继电器的类型及电磁式继电器、时间继电器、热继电器、速度继电器的功能和应用。

※技能目标

（1）能够分析交流电动机单向控制原理。

（2）能够正确识读电路图和装配图。

（3）会按照工艺要求安装交流电动机单向控制电路。

（4）能够根据故障现象检修交流电动机单向控制电路。

（5）完成个人技能目标制定。

※素养目标

理解党的二十大报告中的"人才强国战略"。

任务分析

本任务进行三相异步电动机单向控制电路的安装与调试。本任务要求学生能够分析交流电动机单向控制原理；能正确识读电路图和装配图；会按照工艺要求安装交流电动机单向控制电路；能够根据故障现象检修交流电动机单向控制电路。

1. 接触器自锁正转控制电路的基本结构

接触器自锁正转控制电路的基本结构如图1-1所示。

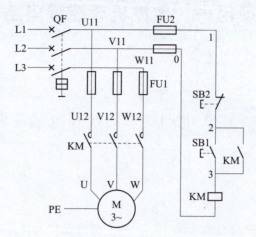

图1-1　接触器自锁正转控制电路的基本结构

2. 接触器自锁正转控制电路的工作原理

接触器自锁正转控制电路的工作原理如图1-2所示，先接通电源开关QF。

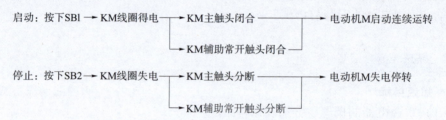

图1-2　接触器自锁正转控制电路的工作原理

当启动按钮松开后，接触器通过自身的辅助常开触头使其线圈保持得电的作用叫作自锁。与启动按钮并联起自锁作用的辅助常开触头叫作自锁触头。

　知识准备

数控机床主要是由机械和电气两大部分组成的，其中机械部分与普通机床结构相似，电气部分又有"弱电"和"强电"之分。"弱电"部分是指控制系统中以电子元器件、集成电路为主的控制部分。数控机床的"弱电"部分包括CNC、PLC、MDI/CRT及伺服驱动单元、输入/输出单元等。"强电"部分是指控制系统中的主回路或高压、大功率回路中的继电器、接触器、开关、熔断器、电源变压器、电动机、电磁铁、行程开关等电气元件及其所组成的控制电路。

数控机床的控制电路是由各种不同的控制电气元件组成的，要了解、分析和设计数控机床的控制电路，首先要熟悉各种控制电气元件。

1.1　概述

电力拖动是用电动机带动生产机械运动的方式。生产上广泛采用的控制系统为继电器—接触器控制系统，其由按钮开关、接触器、继电器等有触点电气元件组成。其优点是结构简单、价格低、维修方便；缺点是体积大、工作寿命低。用这类电器组成较复杂的控制系统时，因触点多，故易出现故障。

电器是一种能控制电能的设备，它能够根据外界信号的要求，手动或自动地接通或断开电路，断续或连续地改变电路参数，以实现电路或非电对象的切换、控制、保护、检测、变换和调节。

1.1.1　电器分类

通常，凡是对电能的生产、输送、分配和使用起控制、调节、检测、转换及保护作用的电工器械均可称为电器。电器的用途广泛，功能多样，构造各异，种类繁多。

1. 按工作电压等级分类

（1）低压电器。在交流 50 Hz 或 60 Hz 额定电压 1 200 V 以下、直流额定电压 1 500 V 以下的电路内起通断保护、控制或调节作用的电器称为低压电器。

（2）高压电器。在交流 50 Hz 或 60 Hz 额定电压 1 200 V 以上、直流额定电压 1 500 V 以上的电路内起通断保护、控制或调节作用的电器称为高压电器。

2. 按操作方式的原理分类

（1）手动电器。由人工直接操作才能完成任务的电器称为手动电器，如刀开关、按钮和转换开关等。

（2）自动电器。不需要人工直接操作，按照电的或非电的信号自动完成接通、分断电路任务的电器称为自动电器，如低压断路器、接触器和继电器等。

3. 按用途分类

（1）低压配电电器。低压配电电器主要用于低压供电系统，如刀开关、低压断路器、转换开关和熔断器等。

（2）低压控制电器。低压控制电器主要用于电力拖动控制系统，如接触器、继电器、控制器、控制按钮、行程开关、主令控制器和万能转换开关等。

4. 按工作原理分类

（1）电磁式电器。电磁式电器是根据电磁感应原理工作的电器，如交直流接触器、电磁式继电器等。

（2）非电量控制电器。非电量控制电器是靠外力或非电物理量的变化而工作的电器，如刀开关、行程开关、按钮、速度继电器、压力继电器和温度继电器等。

1.1.2　低压电器的结构

电磁式电器在低压电器中占有十分重要的地位，在数控机床电气控制系统中应用最为普遍。电磁式电器主要由电磁机构、触头系统和灭弧装置等组成。

1. 电磁机构

电磁机构的主要作用是将电能量转换成机械能量，将电磁机构中吸引线圈的电流转换成电磁力，带动触头动作，完成通断电路的控制作用。

电磁机构由铁芯、衔铁和线圈等部分组成，其作用原理为：当线圈中有工作电流通过时，电磁吸力克服弹簧的反作用力，使得衔铁与铁芯闭合，由连接机构带动相应的触头动作。

从常用铁芯的衔铁运动形式上看，铁芯主要可分为拍合式和直动式两大类。图1-3（a）所示为衔铁沿棱角转动的拍合式铁芯，其铁芯由电工软铁制成，广泛用于直流电器中；图1-3（b）所示为衔铁沿轴转动的拍合式铁芯，其形状有E形和U形两种，由硅钢片叠成，多用于触头容量较大的交流电器中；图1-3（c）所示为衔铁直线运动的双E形直动式铁芯，它也是由硅钢片叠成，多用于触头为中、小容量的交流接触器和继电器中。

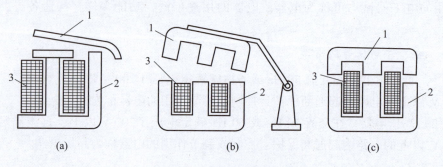

图1-3 常用的磁路结构

（a）衔铁沿棱角转动的拍合式铁芯；（b）衔铁沿轴转动的拍合式铁芯；（c）衔铁直线运动的双E形直动式铁芯

1—衔铁；2—铁芯；3—吸引线圈

电磁线圈由漆包线绕制而成，也分为交流、直流两大类，当线圈通过工作电流时产生足够的磁动势，从而在磁路中形成磁通，使衔铁获得足够的电磁力，克服反作用力而吸合。在交流电流产生的交变磁场中，为避免因磁通过零点衔铁的抖动，需在交流电器铁芯的端部开槽，嵌入一铜短路环，使环内感应电流产生的磁通与环外磁通不同时过零，使电磁吸力总是大于弹簧的反作用力，因此可以消除交流铁芯的抖动。

2. 触头系统

触头的作用是接通或分断电路，因此要求触头具有良好的接触性能。电流容量较小的电器常采用银质材料作为触头，这是因为银的氧化膜电阻率与纯银相似，可以避免触头表面氧化膜电阻率增加而造成接触不良。

触头的结构形式有桥式和指式两类。图1-4（a）和图1-4（b）所示为桥式触头，其中图1-4（a）所示为点接触形式，适用于电流不大、触点压力小的场合；图1-4（b）所示为面接触形式，适用于较大电流的场合。图1-4（c）所示为指式触头，其接触区域为一直线（长方形截面），在设计指式触点结构时，应使触点在接通或断开时产生滚、滑动过程，以去除氧化膜，减少接触电阻，适用于接通次数多、电流大的场合。

为了使触点在接触过程中消除振动，闭合时接触得更紧密，减少接触电阻，可在触点上装接触弹簧，加大触点间的压力。触点间的接触电阻还与接触表面的状况有关。

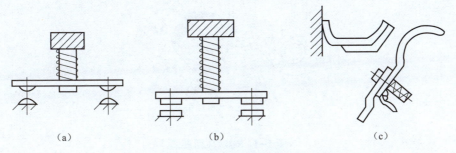

图1-4　触头的结构形式

（a）点接触形式；（b）面接触形式；（c）指式触头

3. 灭弧装置

电器的动、静触点在断开电路的瞬间，由于气体中少量正、负离子在电场强度的作用下加速运动，与中性气体分子发生碰撞，使其发生游离。同时，触点金属内部的自由电子从阴极表面逸出奔向阳极，也撞击中性气体分子，使其激励和游离，这些离子在电场中定向运动时伴随着强烈的热过程，致使在电流通道内形成等离子体，并伴有强烈的声、光和热效应的弧光现象，即为电弧。

由于电弧的高温能将触头烧损，并可能造成其他事故，因此应采用适当措施迅速熄灭电弧。其主要措施有：

（1）迅速增加电弧长度（拉长电弧），使单位长度内维持电弧燃烧的电场强度不够进而使电弧熄灭。

（2）使电弧与流体介质或固体介质相接触，加强冷却和去游离作用，使电弧加快熄灭。

电弧有直流电弧和交流电弧两类，交流电流有自然过零点，故其电弧较易熄灭。低压控制电器常用的灭弧方法有以下4种。

（1）机械灭弧。机械灭弧是通过机械装置将电弧迅速拉长的方法。这种方法多用于开关电器中。

（2）磁吹灭弧。图1-5所示为磁吹灭弧装置，由磁吹线圈、引弧角和导磁夹板等组成。磁吹线圈产生的磁场中的磁通比较集中，它经铁芯和导磁夹板进入电弧空间。于是电弧在磁场的作用下，在灭弧罩内部迅速向上运动，并在引弧角处被拉到最长。在运动过程中，电弧一边被拉长，一边又被冷却，因此电弧能迅速熄灭。引弧角除有引导电弧运动的作用外，还能把电弧从触点处引开，从而起到保护触点的作用。

这种灭弧装置称为串联磁吹灭弧装置。由于磁吹线圈与主电路串联，故作用于电弧的磁场力随电弧电流的大小而改变，电弧电流越大，灭弧能力越强，且磁吹力的方向与电流方向无关。此外，还有并联磁吹灭弧装置，其优点是弱电流时磁吹效果比串联磁吹灭弧效果好；其缺点是当触点上电流方向改变时，必须同时改变线圈电流的极性，否则磁吹力会反方向作用，电弧不但不易熄灭，甚至可能损害电器。

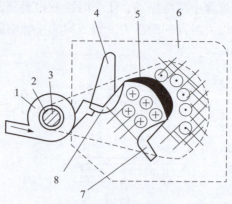

图 1-5　磁吹灭弧装置

1—磁吹线圈；2—绝缘套；3—铁芯；4—引弧角；5—导磁夹板；6—灭弧罩；7—动触点；8—静触点

（3）窄缝（纵缝）灭弧。图 1-6 所示为利用灭弧罩上的窄缝实现灭弧的装置。当触点断开时，电弧在电动力的作用下进入窄缝内，窄缝可将电弧柱的直径压缩，使电弧与缝壁紧密接触，加快冷却和去游离作用，从而使电弧加快熄灭。灭弧罩常用耐高温陶土、石棉水泥等材料制成。目前有采用多个窄缝的多纵缝灭弧装置，其工作原理是，用电动力将电弧引入纵缝，使其被分劈成若干段直径较小的电弧，以增强冷却和去游离作用，提高灭弧效果。

（4）栅片灭弧。图 1-7 所示为栅片灭弧示意图。由灭弧栅片（多片镀铜薄钢片组成）、绝缘夹板等组成。当触点断开时，电弧在吹弧电动力的作用下被推向栅片，它们彼此间是相互绝缘的。电弧进入栅片后，被分成一段段串联的短电弧，而栅片变成短电弧的电极。栅片的作用还在于能导出电弧的热量，使电弧迅速冷却，同时每两片灭弧栅片可以看成一对电极，而每对电极间都有 $150 \sim 250 \text{ V}$ 的绝缘强度，使整个灭弧栅的绝缘强度大大加强，而每个栅片间的电压却不足以达到电弧燃烧的电压。因此，电弧进入灭弧栅后很快熄灭。

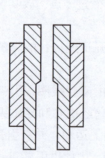

图 1-6　窄缝（纵缝）灭弧装置

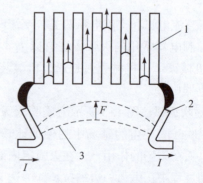

图 1-7　栅片灭弧装置

1—灭弧栅片；2—触点；3—电弧

1.2　接触器

接触器是一种低压自动切换并具有控制与保护作用的电磁式电

接触器

器。它可以用来频繁地接通或分断带有负载的主电路（如电动机），并可实现远距离控制，主要用来控制电动机，也可控制电容器、电阻炉和照明器具等负载。接触器由电磁机构、触点系统、灭弧装置及其他部件4部分组成，如图1-8所示。其工作原理是当线圈通电后，静铁芯产生电磁吸力将衔铁吸合，衔铁带动触点系统动作，使常闭触点断开、常开触点闭合，当线圈断电时电磁吸力消失，衔铁在反作用弹簧力的作用下释放，触点系统随之复位。

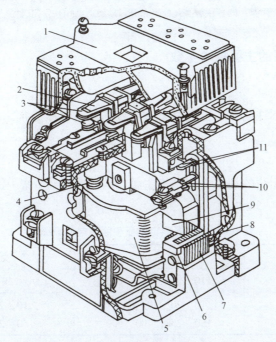

接触器结构原理

图1-8 交流接触器结构

1—灭弧罩；2—触头压力弹簧片；3—主触头；4—反作用弹簧；5—线圈；6—短路环；
7—静铁芯；8—弹簧；9—动铁芯；10—辅助常开触头；11—辅助常闭触头

接触器按其主触点通过电流的种类不同，分为直流、交流两种，机床上应用最多的是交流接触器。交流接触器的主触头通常有3对，直流接触器为2对。目前我国常用的交流接触器主要有CJ20、CJX1、CJX2、CJ12和CJ10等系列，以及引进德国BBC公司制造技术生产的B系列、德国SIEMENS公司的3TB系列、法国TE公司的LC1系列等。交流接触器外形如图1-9所示，接触器图形及文字符号如图1-10所示。

图1-9 交流接触器外形图

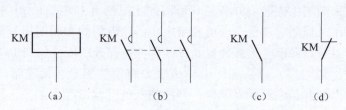

图 1-10　接触器图形及文字符号

（a）线圈；（b）主触点；（c）常开辅助触点；（d）常闭辅助触点

1.2.1　接触器的主要技术参数

1. 额定电压

接触器铭牌上标注的额定电压是指主触点的额定电压。常用的额定电压等级如表 1-1 所示。

2. 额定电流

接触器铭牌上标注的额定电流是指主触点的额定电流。常用的额定电流等级如表 1-1 所示。

表 1-1　接触器额定电压和额定电流等级表

项目	直流接触器	交流接触器
额定电压/V	110，220，440，660	127，220，380，500，660
额定电流/A	5，10，20，40，60，100 150，250，400，600	5，10，20，40，60，100 150，250，400，600

3. 线圈的额定电压

常用的额定电压等级如表 1-2 所示。选用时一般交流负载用交流接触器，直流负载用直流接触器，但交流负载频繁动作时可采用直流线圈的交流接触器。

表 1-2　接触器线圈的额定电压等级表　　　　　　　　　　　　　　　V

直流线圈	交流线圈
24，48，100，220，440	36，110，127，220，380

4. 接通和分断能力

接通和分断能力指主触点在规定条件下能可靠地接通和分断的电流值。在此电流值下，接触器接通时主触点不应发生熔焊；接触器分断时主触点不应发生长时间的燃弧。若超出此电流值，其分断则是熔断器、短路器等保护电器的任务。

根据接触器的使用类别不同，对主触点的接通和分断能力的要求也不一样，而不同类别的接触器是根据其不同控制对象（负载）的控制方式所规定的。常见的接触器使用类别及其典型用途如表 1-3 所示。

接触器的使用类别代号通常标注在产品的铭牌或工作手册中。表 1-3 中要求接触器主触点达到的接通和分断能力为以下几种。

（1）AC1 和 DC1 类允许接通和分断额定电流。

（2）AC2、DC3 和 DC5 类允许接通和分断 4 倍额定电流。

（3）AC3 类允许接通 6 倍额定电流和分断额定电流。

（4）AC4 类允许接通和分断 6 倍额定电流。

表 1-3   常见接触器使用类别及其典型用途表

电流类型	使用类别	典型用途
AC 交流	AC1	无感或微感负载、电阻炉
	AC2	线绕式电动机的启动和中断
	AC3	笼型电动机的启动和中断
	AC4	笼型电动机的启动、反接制动、反向和点动
DC 直流	DC1	无感或微感负载、电阻炉
	DC3	并励电动机的启动、反接制动、反向和点动
	DC5	串励电动机的启动、反接制动、反向和点动

5. 额定操作频率

额定操作频率指每小时的操作次数。交流接触器最高为 600 次/h，而直流接触器最高为 1 200 次/h。操作频率直接影响到接触器的寿命和灭弧罩的工作条件，对于交流接触器来说还会影响到线圈的温升。

表 1-4 所示为 CZ0 系列直流接触器的规格及主要技术参数，表 1-5 所示为 CJ20 系列交流接触器的主要技术参数，表 1-6 所示为 CJX 系列交流接触器的规格及主要技术参数。

表 1-4   CZ0 系列直流接触器的规格及主要技术参数

型号	额定电压 U_N/V	额定电流 I_N/A	主触点形式及数目		辅助触点形式及数目		吸引线圈电压 U/V	吸引线圈消耗功率 P/W
			常开	常闭	常开	常闭		
CZ0-40/20		40	2	—	2	2		22
CZ0-40/02		40	—	2	2	2		24
CZ0-100/10		100	1	—	2	2		24
CZ0-100/01		100	—	1	2	1		24
CZ0-100/20		100	2	—	2	2		30
CZ0-150/10		150	1	—	2	2	22、48、110、220、440	30
CZ0-150/01	440	150	—	1	2	1		25
CZ0-150/20		150	2	—	2	2		40
CZ0-250/10		250	1	—	5（其中 1 对常开，另 4 对可任意组合成常开或常闭）			31
CZ0-250/20		250	2	—				40
CZ0-400/10		400	1	—				28
CZ0-400/20		400	2	—				43
CZ0-600/10		600	1	—				50

表 1-5　CJ20 系列交流接触器的主要技术参数

型号	频率/Hz	辅助触头额定电流/A	吸引线圈电压/V	主触头额定电流/A	额定电压/V	可控制电动机最大功率/kW
CJ20-10				10	380/220	4/2.2
CJ20-16				16	380/220	7.5/4.5
CJ20-25				25	380/220	11/5.5
CJ20-40				40	380/220	22/11
CJ20-63	50	5	36、127、220、380	63	380/220	30/18
CJ20-100				100	380/220	50/28
CJ20-160				160	380/220	85/48
CJ20-250				250	380/220	132/80
CJ20-400				400	380/220	220/115

表 1-6　CJX 系列交流接触器的规格及主要技术参数

型号	额定绝缘电压/V	额定工作电流/A		可控电动机功率/kW		额定操作频率/Hz		额定发热电流/A
				AC3	AC4			
		AC3	AC4	230 V/400 V/500 V	690 V/400 V	AC3	AC4	
CJX1-9	680	9	3.3	2.4/4/5.5	5.5/1.4	1 200	300	20
CJX1-16	680	16	7.7	4/7.6/10	11/3.5	1 200	300	30
CJX1-85	1 000	85	42	28/45/59	67/22	600	300	90
CJX1-170	1 000	170	75	55/90/118	156/40	700	200	210
CJX1-475	1 000	475	165	148/252/342	432/110	500	150	400

1.2.2　接触器的型号含义

1. 直流接触器型号的含义

图 1-11 所示为直流接触器型号的含义。

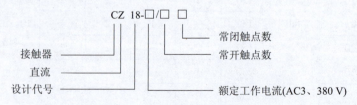

CZ 18-□/□ □

接触器
直流
设计代号
常闭触点数
常开触点数
额定工作电流(AC3、380 V)

图 1-11　直流接触器型号的含义

2. 交流接触器型号的含义

图 1-12 所示为交流接触器型号的含义。

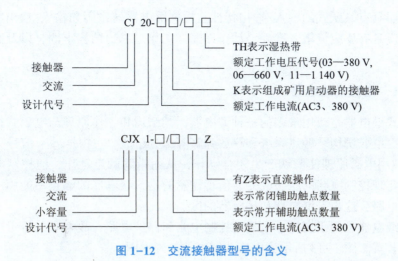

图 1-12　交流接触器型号的含义

1.2.3　交流接触器的选择

选用接触器时应从其工作条件出发，主要考虑下列因素。

（1）控制交流负载应选用交流接触器；控制直流负载应选用直流接触器。

（2）接触器的使用类别应与负载性质一致。

（3）主触头的额定工作电压应大于或等于负载电路的电压。

（4）主触头的额定工作电流应大于或等于负载电路的电流。

（5）吸引线圈的额定电压应与控制回路电压一致，接触器在线圈额定电压85%及以上时应能可靠地吸合。

1.2.4　接触器使用中的注意事项

交流励磁的交流接触器在使用中应注意以下几个方面。

（1）励磁线圈电压应为 $85\%U_N \sim 105\%U_N$。

（2）铁芯衔铁上短路环应完好。

（3）衔铁、触点支持件等活动部件动作应灵活。

（4）铁芯、衔铁端面接触良好、无异物。

（5）触点表面接触良好，有一定的超程和接触压力。

（6）操作频率应在允许范围内。

1.3　继电器

继电器是一种根据输入信号的变化接通或断开控制电路，实现控制目的的电器。继电器的输入信号可以是电流、电压等电量，也可以是温度、速度、压力等非电量，输出为相应的触点动作。

继电器的种类很多，按输入信号的性质分为电压继电器、电流继电器、时间继电器、温度继电器、速度继电器、中间继电器、压力继电器等。按工作原理可分为电磁式继电器、感应式继电器、电动式继电器、电子式继电器、热继电器等。按用途可分为控制用继电器和保护用继电器等。

继电器具有跳跃式的输入/输出特性。根据继电器的作用和输入/输出特性，要求继电器应具有反应灵敏、准确，动作迅速，工作可靠，结构牢固，以及高使用耐久的性能。

1.3.1　电磁式继电器

电磁式继电器是应用最多的一种继电器，其结构和工作原理与电磁式接触器相似，也是由电磁机构、触点系统和释放弹簧等部分组成。它根据外来信号（电压或电流），利用电磁原理使衔铁产生闭合动作，从而带动触点动作，使控制电路接通或断开，实现控制电路的状态改变。值得注意的是，继电器的触点不能用来接通和分断负载电路，这也是继电器和接触器的区别。

由于继电器是用于切换小电流的控制电路和保护电路，故触点的容量较小，不需要灭弧装置。图 1-13 所示为电磁式继电器的外形图。

图 1-13　电磁式继电器外形图

电磁式继电器的种类不同，但一般图形符号是相同的，如图 1-14 所示。电流继电器的文字符号为 KI，线圈方格中用 I>（或 I<）表示过电流（或欠电流）继电器；电压继电器的文字符号为 KV，线圈方格中用 U>（或 U<）表示过电压（或欠电压）继电器。

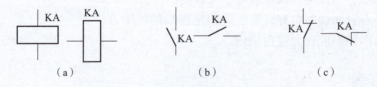

图 1-14　电磁继电器图形及文字符号

（a）吸引线圈；（b）常开触点；（c）常闭触点

1. 电磁式继电器的种类

电磁式继电器按吸引线圈电流种类不同有交流电磁式继电器和直流电磁式继电器两种。按反应参数可分为电压继电器和电流继电器。按触点数量和动作时间又可分为中间继电器和时间继电器等。其结构及工作原理与接触器相似，但因继电器一般用来接通和断开控制电路，故触点电流容量较小（一般在 5 A 以下）。由于电磁式继电器具有工作可靠、结构简单、制造方便、寿命长等一系列优点，故在数控机床电气控制系统中应用最为广泛。

（1）电流继电器。

根据输入（线圈）电流大小而动作的继电器称为电流继电器。它的线圈串联在被测量的电路中，用于反映电路电流的变化。在不影响电路工作的情况下，电流继电器的线圈匝数要尽量少、导线要粗、线圈阻抗要小。

电流继电器有欠电流继电器和过电流继电器两类。欠电流继电器的吸引电流为线圈额定电流的30%~65%，释放电流为额定电流的10%~20%，因此，在电路正常工作时，衔铁是吸合的，只有当电流降低到某一整定值时，继电器释放，输出信号。过电流继电器在电路正常工作时不动作，当电流超过某一整定值时才动作，整定范围通常为1.1~4倍的额定电流。因此，过电流继电器的铁芯和衔铁也可不安放短路环。

在数控机床电气控制系统中，用得较多的电流继电器有JL14、JL15、JT3、JT9、JT10等型号，主要根据主电路内的电流种类和额定电流来选择。

（2）电压继电器。

根据输入电压大小而动作的继电器称为电压继电器。它的结构与电流继电器相似，不同的是电压继电器线圈并联在被测量的电路的两端，用于反映电路电压的变化，可作为电路的过电压或欠电压保护。在不影响电路工作的情况下，电压继电器线圈匝数要尽量多、导线要细、线圈阻抗要大。

电压继电器按动作电压值的不同，有过电压、欠电压和零电压之分。过电压继电器在电压为额定电压的110%以上时动作；欠电压继电器在电压为额定电压的40%~70%时有保护动作；零电压继电器当电压降至额定电压的5%~25%时有保护动作。交流励磁的过电压继电器在电路正常时不动作，只有在电路电压超过额定电压，达到整定值时才动作，且一动作就将电路切断。为此，铁芯和衔铁上可以不安放短路环。

在数控机床电气控制系统中，常用的电压继电器有JT3、JT4型。

（3）中间继电器。

中间继电器实质上是电压继电器的一种，但它触点多（多至6对或更多）、触点电流容量大（额定电流5~10 A）、动作灵敏（动作时间不大于0.05 s）。其主要用途是当其他继电器的触点数或触点容量不够时，可借助中间继电器来扩大它们的触点数或触点容量，起到中间转换的作用。在数控机床中使用最多的是小型中间继电器。数控机床上常用的中间继电器型号有J27系列交流中间继电器和J28系列交直流两用中间继电器。

中间继电器的作用是将一个输入信号变成多个输出信号或将信号放大，它主要依据被控制电路的电压等级，触点的数量、种类及容量来选用。

① 线圈电流的种类和电压等级应与控制电路一致。例如，数控机床的控制电路采用直流24 V供电，则继电器应选择线圈额定电压为24 V的直流继电器。

② 按控制电路的要求选择触点的类型（是常开还是常闭）和数量。

③ 继电器的触点额定电压应大于或等于被控制回路的电压。

④ 继电器的触点电流应大于或等于被控制回路的额定电流，若是电感性负载，则应降低到额定电流50%以下使用。

2. 电磁式继电器动作值的整定方法

电磁式继电器的吸合值与释放值的整定方法有以下几种。

（1）吸合动作值整定。

① 调整释放弹簧松紧程度。将释放弹簧调紧时，反作用力增大，吸合动作值提高，反之减少。

② 改变铁芯与衔铁之间的初始气隙。在反作用弹簧力和非磁性垫片厚度不变的情况下，初始气隙越大，吸合动作值也越大，反之越小。

（2）释放值整定。

① 调整释放弹簧的松紧程度。释放弹簧调得越紧，释放值也越大，反之越小。

② 改变铁芯与衔铁之间的初始气隙。在反作用弹簧力和非磁性垫片厚度不变的情况下，初始气隙越大，吸合动作值也越大，反之越小。

3. 电磁式继电器主要技术参数

以 JTX 通用型小型电磁式继电器为例，其主要技术参数如表1-7所示。

表1-7 JTX 通用型小型电磁式继电器主要技术参数

额定工作电压/V	DC：6、12、24、48、110、220 AC：6、12、24、48、110、220、380
吸动电压（与额定电压百分比)/%	DC：≤75；AC：≤80
释放电压（与额定电压百分比)/%	DC：≥10；AC：≥30
功耗	DC：≤2 W；AC：≤3.5 V·A 防尘型
触点最大控制容量	$(\cos\Phi=1)$ 7.5 A 250 V AC；7.5 A 28 V DC
触点形式	2C/3C
电气寿命/次	1×10^5
机械寿命/次	1×10^7
介质耐压/V	≥1 500
绝缘电阻/MΩ	≥500
温度范围/℃	−25～+45
振动频率/Hz	10～55
双振幅/mm	1.0
质量/g	≤125
装置方式	Plig-in 插座式
外形尺寸/(cm×cm×cm)	35×35×55

1.3.2 时间继电器

时间继电器是一种在接收或去除外界信号后，用来实现触点延时接通或断开的控制电器。按其动作原理与构造的不同，可分为电磁式、空气阻尼式、电动式和晶体管式等类型。在数控机床控制电路中应用较多的是空气阻尼式时间继电器，晶体管式时间继电器也获得越来越广泛的应用。在数控机床中一般由计算机软件实现各种时间控制，而不采用时间继电器方式来进行时间控制。

时间继电器按延时方式不同可分为通电延时型和断电延时型两种。时间继电器的图形符号如图 1-15 所示，文字符号为 KT。

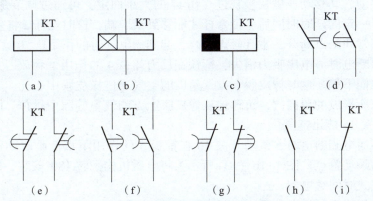

图 1-15　时间继电器的图形符号

（a）线圈一般符号；（b）通电延时线圈；（c）断电延时线圈；（d）延时闭合常开触点；
（e）延时断开常闭触点；（f）延时断开常开触点；（g）延时闭合常闭触点；
（h）瞬时常开触点；（i）瞬时常闭触点

1. 空气阻尼式时间继电器

空气阻尼式时间继电器由电磁系统、延时机构和触点系统 3 部分组成。它利用空气阻尼原理获得延时，其结构示意图与动作原理如图 1-16 所示。其中，电磁机构为直动式双 E 型，触点系统借用 LX5 型微动开关，延时结构采用气囊阻尼器。该时间继电器可以做成通电延时型，或做成断电延时型。电磁机构可以是直流的，也可以是交流的。

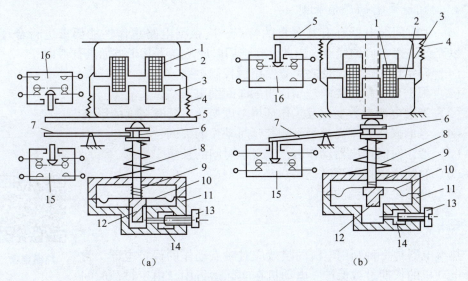

图 1-16　空气阻尼式时间继电器结构示意图与动作原理

（a）通电延时型；（b）断电延时型

1—线圈；2—铁芯；3—衔铁；4—反力弹簧；5—推板；6—活塞杆；7—杠杆；
8—塔形弹簧；9—弱弹簧；10—橡皮膜；11—空气室壁；12—活塞；13—调节螺杆；
14—进气孔；15, 16—微动开关

在图 1-16（a）所示的通电延时型空气阻尼式时间继电器中，当线圈 1 通电后，衔铁 3 被铁芯 2 吸合，活塞杆 6 在塔形弹簧 8 的作用下，带动活塞 12 及橡皮膜向上移动。但由于橡皮膜下方气室的空气逐渐稀薄，形成负压，因此活塞杆只能缓慢地向上移动，其移动速度快慢视进气孔 14 的大小而定，可通过调节螺杆 13 进行调整。经过一定的延时时间后，活塞杆才能移到最上端，这时杠杆 7 将微动开关 15 压动，使其常闭触点断开、常开触点闭合，起到通电延时的作用。

当线圈断电时，电磁吸力消失，衔铁在反力弹簧 4 的作用下释放，并通过活塞杆将活塞推向下端。这时橡皮膜下方气室内的空气通过橡皮膜中心孔、弱弹簧 9 和活塞的肩部所形成的单向阀，迅速地从橡皮膜上方的气室缝隙中排掉。因此，杠杆 7 和微动开关 15 能迅速复位。

在线圈通电和断电时，微动开关 16 在推板 5 的作用下都能瞬时动作，即为时间继电器的瞬动触点。图 1-16（b）所示为将电磁机构翻转 180°安装，即断电延时型空气阻尼式时间继电器。

空气阻尼式时间继电器延时时间有 0.4~180 s 和 0.4~60 s 两种规格。它的优点是延时范围较大、结构简单、使用寿命长、价格低廉；其缺点是延时误差大、无调整刻度指示、难以精确地整定延时值。因此，对延时精度要求高的场合，不宜使用这种时间继电器。

2. 晶体管式时间继电器

晶体管式时间继电器又称半导体式时间继电器。它应用 RC 电路充电时，电容器上的电压逐步升高的原理作为延时的基础。因此，只要改变充电电路的时间常数，即可整定其延时时间。

晶体管式时间继电器具有延时范围广、精度高、体积小、耐冲击、耐振动、调节方便和寿命长等优点，因此发展很快，使用范围也日益广泛。

3. 时间继电器的选用原则

每一种时间继电器都有其各自的特点，应根据电路工作性能要求进行合理选用，以充分发挥它们的优点。因此，在选用时应从以下几个方面进行考虑。

（1）确定延时方式，使之更方便组成控制电路。

（2）根据延时精度要求选用适当的时间继电器。

（3）考虑电源参数变化及工作环境温度变化对延时精度的影响。

（4）考虑操作频率高是否影响其延时动作的失调。

（5）考虑时间继电器动作后，其复位时间的长短。

（6）时间继电器的延时范围。

（7）电路励磁电流的性能。

1.3.3 热继电器

热继电器

热继电器是一种利用电流的热效应对触点动作的保护电器，常用于电动机的长期过载保护。电动机在实际运行中，由于过载时间过长，当绕组温升超过了允许值时，将会加剧绕组绝缘的老化，缩短电动机的使用年限，严重时会使电动机绕组烧毁。因此，在电动机的电路中应设置有过载保护。

当电动机长期过载时，热继电器的常闭触点动作，断开相应的回路，使电动机得到保护。热继电器由发热元件（电阻丝）、双金属片、传导部分和常闭触点组成，当电动机过载时，通过发热元件上的电流增加，双金属片受热弯曲，带动常闭触点动作。由于双金属片的热惯性，即不能迅速对短路事故进行反应，而这个热惯性也是合乎要求的，因为在电动机启动或短路过载时，热继电器不会动作，避免了电动机的不必要停车。图 1-17 所示为热继电器的外形图，图 1-18 所示为热继电器图形及文字符号。

图 1-17　热继电器外形图

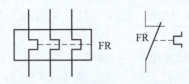

图 1-18　热继电器图形及文字符号

1. 热继电器的结构及工作原理

热继电器主要由热元件（电阻丝）、双金属片、触点系统、动作机构、复位按钮、整定电流装置和温升补偿元件等部分组成，如图 1-19 所示。

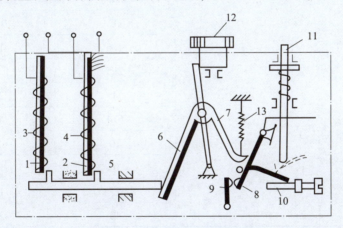

图 1-19　热继电器结构示意图

1，2—主双金属片；3，4—电阻丝；5—导板；6—温度补偿双金属片；7—推杆；8—动触点；
9—静触点；10—螺钉；11—复位按钮；12—调节凸轮；13—弹簧

热元件由主双金属片 1、2 及围绕在其外面的电阻丝 3、4 组成。双金属片是由两种线膨胀系数不同的金属用机械碾压而成的。热元件应串接于电动机定子绕组电路中，当电动机正常运行时，热元件产生的热量虽能使双金属片产生弯曲变形，但还不足以使继电器的触点动作。当电动机过载时，工作电流增大，热元件产生的热量也增多，温度升高，使双金属片弯曲位移增大，并推动导板 5 使继电器触点动作，从而切断电动机控制电路，达到过载保护的目的。

当电动机出现缺相运行时，若负载不变，则绕组中的电流就会增大，将使电动机烧毁。为了能可靠地对缺相运行的电动机实现过载保护，需采用带断相保护的热继电器。

2. 热继电器的主要技术参数及常用型号

热继电器的主要技术参数有热继电器额定电流、相数，热元件额定电流，热继电器整定电流及调节范围等。

热继电器的额定电流是指热继电器中可以安装的热元件的最大整定电流值。

热元件的额定电流是指热元件的最大整定电流值。

热继电器的整定电流是指热元件能够长期通过而不会引起热继电器动作的最大电流值。

通常热继电器的整定电流是按电动机的额定电流确定的。

常用的热继电器有 JR0 及 JR10 系列。表 1-8 所示为 JR0-40 型热继电器的技术数据。

JR0-40 型热继电器的额定电压为 500 V，额定电流为 40 A，可以配用 0.64～40 A 内 10 种电流等级的热元件。每一种电流等级的热元件都有一定的电流调节范围，一般应调节到与电动机额定电流相等，以便更好地起到过载保护作用。

表 1-8　JR0-40 型热继电器的技术数据　　　　A

型号	额定电流	热元件等级	
		额定电流	电流调节范围
JR0-40	40	0.64	0.4～0.64
		1	0.64～1
		1.6	1～1.6
		2.5	1.6～2.5
		4	2.5～4
		6.4	4～6.4
		10	6.4～10
		16	10～16
		25	16～25
		40	25～40

图 1-20 所示为 JR10 系列热继电器的型号意义。

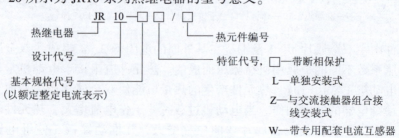

图 1-20　JR10 系列热继电器的型号意义

3. 热继电器的选择

热继电器选用是否得当，直接影响着对电动机进行过载保护的可靠性。通常选用时应按电动机形式、工作环境、启动情况及负荷情况等几方面综合加以考虑。

（1）原则上热继电器的额定电流应按电动机的额定电流选择。对于过载能力较差的电动机，其配用的热继电器（主要是发热元件）的额定电流可适当小些。通常，选取热继电器的额定电流（实际上是选取发热元件的额定电流）为电动机额定电流的 60%～80%。

（2）在不频繁启动的场合，要保证热继电器在电动机的启动过程中不产生误动作。通常，当电动机启动电流为其额定电流的 6 倍及启动时间不超过 6 s 时，若很少连续启动，则可按电动机的额定电流选取热继电器。

（3）当电动机为重复短时工作时，首先注意确定热继电器的允许操作频率。因为热继电器的操作频率是有限的，如果用它保护操作频率较高的电动机，效果很不理想，有时不能使用。对于可逆运行和频繁通断的电动机，不宜采用热继电器保护，必要时可采用装入电动机内部的温度继电器。

1.3.4 速度继电器

速度继电器根据电磁感应原理制成，用于在三相交流异步电动机反接制动转速过零时，自动切除反相序电源，起到对电动机的反接制动控制，故又称反接制动继电器。图 1-21 所示为速度继电器的结构原理图。

速度继电器主要由转子、圆环（笼型空心绕组）和触点 3 部分组成。转子由一块永久磁铁制成，与电动机同轴相连，用于接收转动信号。当转子（磁铁）旋转时，笼型绕组切割转子磁场产生感应电动势，形成环内电流，此电流与磁铁磁场相作用，产生电磁转矩，圆环在此转矩的作用下带动

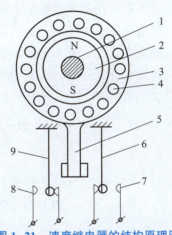

图 1-21　速度继电器的结构原理图
1—转轴；2—转子；3—定子；4—绕组；
5—摆锤；6，9—簧片；7，8—静触点

摆杆，克服弹簧力而顺着转子转动的方向摆动，并拨动触点改变其通断状态。当调节弹簧弹性力时，可使速度继电器在不同转速时切换触点以改变通断状态。图 1-22 所示为速度继电器图形符号。

速度继电器的动作转速一般不低于 120 r/min，复位转速约在 100 r/min 以下，工作时，允许的转速高达 1 000～3 600 r/min。通常通过速度继电器的

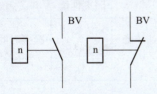

图 1-22　速度继电器图形符号

正转和反转切换触点的动作，来反映电动机转向和速度的变化，常用的型号有 JY1 和 JFZ0 型。

1.3.5 固态继电器

固态继电器（Solid State Relay，SSR），是20世纪70年代中后期发展起来的一种新型无触点继电器。固态继电器用晶体管或可控硅代替常规继电器的触点开关，而在前级中与光电隔离器融为一体。因此，固态继电器实际上是一种带光电隔离器

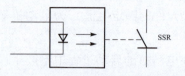

图1-23 固态继电器图形及文字符号

的无触点开关。由于可靠性高、开关速度快、工作频率高、使用寿命长、便于小型化、输入控制电流小及与TTL、CMOS等集成电路有较好的兼容性等一系列优点，在数控机床的数控装置中得到了广泛的应用。图1-23所示为固态继电器图形及文字符号。

1. 固态继电器的分类

固态继电器是一种具有2个输入端和2个输出端的四端器件，按输出端负载电源类型可分为直流型和交流型两类。其中直流型以功率晶体管的集电极和发射极作为输出端负载电路的开关控制；而交流型以双向三端晶体闸流管的2个电极作为输出端负载电路的开关控制，如图1-24所示。交流型固态继电器按双向三端晶体闸流管的触发方式又可分为非过零型和过零型。固态继电器的形式有常开式和常闭式两种，当固态继电器的输入端施加控制信号时，常开式的输出端负载电路被导通，而常闭式的被断开。

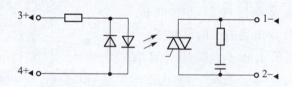

图1-24 交流固态继电器内部电路原理图

2. 固态继电器的主要技术参数

表1-9所示为国产固态继电器的主要技术参数。

表1-9 国产固态继电器的主要技术参数

输入		输出					隔离性能	开关速度
驱动电压/V	驱动电流/mA	断态重复峰值电压/V	有效输出电流/A	峰值单周浪涌电流/A	工作频率/Hz	导通压降/V	输入输出绝缘耐压/V	换接时间/ms
3~30	3~10	50、110、220	1~40	10~300	45~65	<2	1 500	<10

3. 固态继电器的使用

固态继电器的输入端要求有从几毫安至20 mA的驱动电流，最小工作电压为3 V，因此MOS逻辑信号通常要经晶体管缓冲级放大后再去控制固态继电器，对于

CMOS 的电路可利用 NPN 晶体管缓冲器。当输出端的负载容量很大时，直流固态继电器可通过功率晶体管（交流固态继电器通过双向晶闸管）驱动负载。

当温度超过 35 ℃后，固态继电器的负载能力（最大负载电流）随温度升高而下降，因此使用时必须注意散热或降低电流使用。

对于容性或电阻性负载，应限制其开通瞬间的浪涌电流值（一般为负载电流的 7 倍），对于电感性负载，应限制其瞬时峰值电压，以防止损坏固态继电器。具体使用时，可参照产品样本或有关手册。

 计划决策

（一）工作准备

1. 工具、仪表及器材

（1）工具：测电笔、十字螺丝刀、一字螺丝刀、电工钳、尖嘴钳、斜口钳、剥线钳、电工刀等。

（2）仪表：万用表一只。

（3）导线规格：紧固体及编码套管等。

（4）器材：控制电路板一块。

2. 制定选用单向控制电路的低压电器方案

制定项目计划单，列出元件明细，填入表 1–10 中。

表 1–10　元件明细清单

序号	代号	名称	型号规格	数量	备注

（二）设计单向控制电路的位置图

（三）设计单向控制电路的元件接线图

任务实施

（1）根据电路图画出位置图及接线图。

（2）按表 1-10 配齐所用电气元件，并进行质量检验。电气元件应完好无损，各项技术指标符合规定要求，否则应予以更换。

（3）在控制板上按设计的位置图所示安装所有的电气元件，并贴上醒目的文字符号。安装时，组合开关、熔断器的受电端应安装在控制板的外侧；元件排列要整齐、匀称、间距合理，且便于元件的更换；紧固电气元件时用力要均匀，紧固程度适当，做到既使元件安装牢固，又不使其损坏。

（4）按接线图进行板前明线布线和套编码套管。做到布线横平竖直、整齐、分布均匀、紧贴安装面、走线合理；套编码套管要正确；严禁损伤线心和导线绝缘；接点牢靠，不得松动、不得压绝缘层、不反圈及不露铜过长等。

（5）根据图 1-1 所示的电路图检查控制板布线的正确性。

（6）安装电动机。做到安装牢固、平稳，防止在换向时产生滚动而引起事故。

（7）连接电动机和按钮金属外壳的保护接地线。

（8）连接电源、电动机等控制板外部的导线。导线要敷设在导线通道内，并采用绝缘良好的橡皮线进行通电校验。

检查评估

正反转控制电路

1. 自检

安装完毕的控制电路板必须按要求进行认真检查，确保无误后才允许通电试车。

（1）主电路接线检查。按电路图或接线图从电源端开始，逐段核对接线有无漏接、错接之处，检查导线接点是否符合要求、压接是否牢固，以免带负载运行时产生闪弧现象。

（2）控制电路接线检查。用万用表电阻挡检查控制电路接线情况。

2. 交验合格后，通电试车

出现故障后，学生应独立进行检修。当需带电检查时，必须有教师在现场监护。

通电时，必须经指导教师同意后再接通电源，并需要教师在现场进行监护。

接通三相电源 L1、L2、L3，合上电源开关 QS，用电笔检查熔断器出线端，氖管亮说明电源接通。分别按下 SB1、SB2 和 SB3 按钮，观察是否符合电路功能要求，观察电气元件动作是否灵活，有无卡阻及噪声超大现象，观察电动机运行是否正常。若有异常，立即停车检查。

3. 通电试车完毕，停转、切断电源

先拆除三相电源线，再拆除电动机负载线。

4. 检查评估

工作质量检测内容如表 1-11 所示。

表 1-11　工作质量检测表

序号	检查项目	检查标准	学生自检	教师检查
1	教师提问	回答认真、标准		
2	布局和结构	布局合理、结构紧凑、控制方便、美观大方		
3	元器件的排序和固定	排列整齐，元器件固定可靠、牢固		
4	布线	横平竖直，转弯成直角，少交叉；多根导线并拢平行走		
5	接线	接线正确、牢固，敷线平直整齐，无漏洞、反圈、压胶，绝缘性能好，外形美观		
6	整个电路	没有接出多余线头，每条线按要求接，每条线都没有接错		
7	元器件安装	元器件安装正确		
8	电路是否可以正常工作	开关、插座、白炽灯、日光灯、电度表都正常工作		
9	会用仪表检查电路	会用万用表检查电路和元器件的安装是否正确		
10	故障排除	能够排除电路的常见故障		
11	工具的使用和原材料的用量	工具使用合理、准确且摆放整齐，用后归放原位；节约使用原材料，不浪费		
12	安全用电	注意安全用电，不带电作业		
检查评价	班级		第　　组	组长签字
	教师签字		日期	
	评语：			

收获反思

　　党的二十大再次吹响了深入实施人才强国战略的号角，我国将全面提升高技能人才待遇水平，推动实现"国家重视技能，社会崇尚技能，人人学习技能，人人拥有技能"的技能型社会。通过本任务的学习，请思考如何习得技能、如何拥有技能？作为职业院校的学生，在掌握技能方面，你有什么打算呢？请填写在表 1-12 中。

表 1-12　收获反思

任务二 电动机双向控制电路装调

任务描述

在工业、农业生产中，生产机械的运动部件往往要求实现正反两个方向的运动，这就要求拖动电动机能正反向旋转。例如，铣床加工中工作台的左右、前后和上下运动，起重机的上升与下降等，均可以采用机械控制、电气控制或机械电气混合控制的方法来实现，当采用电气控制的方法实现时，则要求电动机能实现正反转控制。本任务将进行三相异步电动机双向控制电路的安装与调试。

任务目标

※知识目标

（1）掌握低压断路器的类型、功能、图形符号和文字符号及选择方法。

（2）掌握熔断器的功能、类型、主要参数及选择方法。

（3）掌握各种开关的图形符号和文字符号、基本结构及主要技术参数。

（4）掌握各种按钮、指示灯的功能和应用。

（5）掌握电源变压器的功能、图形符号和文字符号及选择方法。

※技能目标

（1）能够分析交流电动机双向控制原理。

（2）能够正确识读电路图和装配图。

（3）会按照工艺要求安装交流电动机双向控制电路。

（4）能根据故障现象检修交流电动机双向控制电路。

※素养目标

制订高技能人才的成长计划。

任务分析

本任务进行三相异步电动机双向控制电路的安装与调试。由电动机原理可知，改变电动机三相电源的相序即可改变电动机的旋转方向，而改变三相电源的相序只需任意调换电源的两根进线。

1. 电路基本结构

接触器联锁的正反转控制电路的基本结构如图1-25所示。

接触器联锁的正反转控制电路中采用了两个接触器，即正转用的接触器KM1和反转用的接触器KM2，它们分别由正转按钮SB1和反转按钮SB2控制。从主电路中可以看出，这两个接触器的主触头所接通的电源相序不同，KM1按L1-L2-L3相序接线，KM2则按L3-L2-L1相序接线。其相应的控制电路有两条，一条是由按钮SB1和接触器KM1线圈等组成的正转控制电路；另一条是由按钮SB2和接触器KM2线圈等组成的反转控制电路。

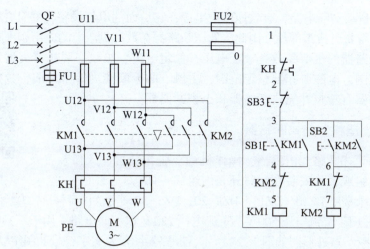

图 1-25　接触器联锁的正反转控制电路

2. 电路的工作原理

电路的工作原理如图 1-26 所示，先合上电源开关 QF。

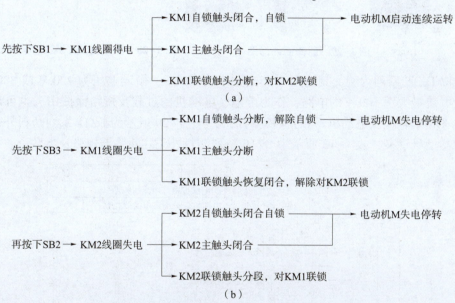

图 1-26　接触器联锁的正反转控制电路的工作原理
（a）正转控制；（b）反转控制

若要停止，则按下 SB3，整个控制电路失电，主触头分断，电动机 M 失电停转。

 知识准备

1.4　低压断路器

低压断路器是将控制电器和保护电器的功能合为一体的电器，它常作为不频繁接通和断开的电路的总电源开关或部分电路的电源开关，当电路发生过载、短路或欠压

等故障时能自动切断电路，有效地保护串接在它后面的电气设备，并且在分断故障电流后一般不需要更换零部件。因此，低压断路器在数控机床上的应用越来越广泛。

低压断路器的主要参数有额定电压、额定电流、极数、脱扣器类型及其额定电流、整定范围、电磁脱扣器整定范围、主触点的分断能力等。目前，数控机床常用的低压断路器有塑料外壳式断路器和小型断路器。

1.4.1　塑料外壳式断路器

塑料外壳式断路器由手柄、操作机构、脱扣装置、灭弧装置及触头系统等组成，均安装在塑料外壳内组成一体。

空气开关

数控机床常用 DZ10、DZ15、DZ5-20、DZ5-50 等系列塑料外壳式断路器（简称断路器），适用于交流电压 500 V、直流电压 220 V 以下的电路，用于不频繁地接通和断开电路。断路器外形图如图 1-27 所示，断路器图形及文字符号如图 1-28 所示。

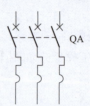

图 1-27　断路器外形图　　　　图 1-28　断路器图形及文字符号

以 DZ15 系列为例，其适用于交流频率为 50 Hz、额定电压为 220 V 或 380 V、额定电流最大至 100 A 的电路，作为配电、电动机的过载及短路保护用，也可用于电路不频繁转换及电动机不频繁启动的情况。图 1-29 所示为 DZ15 系列塑料外壳式断路器型号意义，表 1-13 所示为 DZ15 系列塑料外壳式断路器规格及参数。

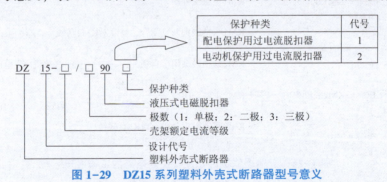

图 1-29　DZ15 系列塑料外壳式断路器型号意义

表 1-13　DZ15 系列塑料外壳式断路器规格及参数

型号	壳架额定电流/A	额定电压/V	极数	脱扣器额定电流/A	额定短路通断能力/kA
DZ15-40/1901	40	220	1	6，10，16，20，25，32，40	3
DZ15-40/2901		380	2		
DZ15-40/3901		380	3		
DZ15-40/3902		380	3		
DZ15-40/4901		380	4		

型号	壳架额定 电流/A	额定电压/V	极数	脱扣器额 定电流/A	额定短路通断 能力/kA
DZ15-63/1901		220	1		
DZ15-63/2901		380	2	10, 16, 20,	
DZ15-63/3901	63	380	3	25, 32, 40,	5
DZ15-63/3902		380	3	50, 63	
DZ15-63/4901		380	4		

1.4.2 小型断路器

小型断路器主要用于照明配电系统和控制回路,其外形如图 1-30 所示,图 1-31 所示为小型断路器图形及文字符号。

图 1-30 小型断路器外形图

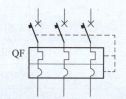

图 1-31 小型断路器图形及文字符号

数控机床常用 MB1-63、DZ30-32、DZ47-60 等系列小型断路器。以 DZ47-60 高分断小型断路器为例,它适用于照明配电系统(C 型)或电动机的配电系统(D 型),主要用于交流 50 Hz/60 Hz,单极 230 V,二、三、四极 400 V 电路的过载、短路保护,同时也可以在正常情况下不频繁地通断电器装置和照明电路。DZ47-60 系列小型断路器型号意义如图 1-32 所示。

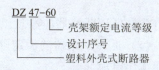

图 1-32 DZ47-60 系列小型
断路器型号意义

DZ47-60 系列分类:按额定电流 I_n 分为 1 A、2 A、3 A、4 A、5 (6) A、10 A、15 (16) A、20 A、25 A、32 A、40 A、50 A、60 A;按级数分为单极、二极、三极、四极;按断路器瞬时脱扣器的类型分为 C 型($5I_n \sim 10I_n$)、D 型($10I_n \sim 14I_n$)。

DZ47-60 系列技术参数如表 1-14 和表 1-15 所示。

表 1-14 过电流保护特性

序号	脱扣器额定 电流 I_n/A	起始状态	试验电流	规定时间	预期结果	备注
1	1~60	冷态	$1.13I_n$	$t \geq 1$ h	不脱扣	
2	1~60	紧接着第 1 项 实验后进行	$1.45I_n$	$t < 1$ h	脱扣	电流在 5 s 内稳定 地上升至规定值

序号	脱扣器额定电流 I_n/A	起始状态	试验电流	规定时间	预期结果	备注
3	$I_n \leqslant 32$	冷态	$2.55 I_n$	$1\text{ s} < t < 60\text{ s}$	脱扣	
	$I_n > 32$	冷态	$2.55 I_n$	$1\text{ s} < t < 120\text{ s}$	脱扣	
4	$1 \sim 60$	冷态	$5 I_n$	$t \geqslant 0.1\text{ s}$	不脱扣	C 型
5	$1 \sim 60$	冷态	$10 I_n$	$t < 0.1\text{ s}$	脱扣	C 型
6	$1 \sim 60$	冷态	$10 I_n$	$t \geqslant 0.1\text{ s}$	不脱扣	D 型
7	$1 \sim 60$	冷态	$14 I_n$	$t < 0.1\text{ s}$	脱扣	D 型

表 1-15　额定短路通断能力

型号	额定电流 I_n/A	极数	电压/V	通断能力/A
DZ47-60（C）型	$1 \sim 40$	1 P	230	6 000
	$1 \sim 40$	2 P，3 P，4 P	400	6 000
	$50 \sim 60$	1 P	230	4 000
	$50 \sim 60$	2 P，3 P，4 P	400	4 000
DZ47-60（D）型	$1 \sim 60$	1 P	230	4 000
	$1 \sim 60$	2 P，3 P，4 P	400	4 000

1.4.3　低压断路器的选择

选择低压断路器应注意以下几点。

（1）低压断路器的额定电流和额定电压应大于或等于电路、设备的正常工作电压和工作电流。

（2）低压断路器的极限通断能力应大于或等于电路的最大短路电流。

（3）欠电压脱扣器的额定电压应等于电路的额定电压。

（4）过电流脱扣器的额定电流应大于或等于电路的最大负载电流。

使用低压断路器来实现短路保护比使用熔断器更好，因为当三相电路短路时，很有可能只有一相的熔断器熔断，造成单相运行。对于低压断路器来说，只要造成短路都会使开关跳闸，将三相同时切断。

1.5　熔断器与主台电器

1.5.1　熔断器

主令电器

熔断器是一种应用广泛且简单有效的保护电器。在使用时，熔断器串联在所保护的电路中，当电路发生短路或严重过载时，它的熔体能自动迅速熔断，从而切断电路，使导线和电气设备不被损坏。

熔断器主要由熔体和安装熔体的熔管（或熔座）两部分组成。熔体一般由熔点低、导电性良好的合金材料制成。熔体熔断后再次工作时必须更换熔体。图 1-33 所示为熔断器及熔断隔离器外形图，图 1-34 所示为熔断器图形及文字符号。

（a）　　　　　　　　（b）　　　　　　　（c）

图 1-33　熔断器及熔断隔离器外形图　　图 1-34　熔断器图形

（a）快速熔断器（芯为熔体）；（b）螺旋式熔断器；（c）熔断隔离器　　及文字符号

1. 熔断器主要参数

（1）额定电压。额定电压指熔断器长期工作时及分断后能够承受的电压，其值一般等于或大于电气设备的额定电压。

（2）额定电流。额定电流指熔断器长期工作时，设备部件温升不超过规定值时所能承受的电流。厂家为了减少熔断器管额定电流的规格，熔断管的额定电流等级比较少，而熔体的额定电流等级比较多，即在一个额定电流等级的熔断管内可以分装几个额定电流等级的熔体，但熔体的额定电流最大不能超过熔断管的额定电流。

（3）极限分断能力。极限分断能力是指熔断器在规定的额定电压和功率因数（或时间常数）的条件下，能分断的最大电流值。在电路中出现的最大电流值一般是指短路电流值。因此，极限分断能力也反映了熔断器分断短路电流的能力。

RT18 系列熔断隔离器型号及其含义如图 1-35 所示。

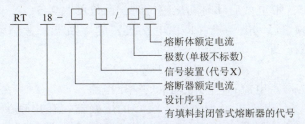

图 1-35　RT18 系列熔断隔离器型号及其含义

RT18 系列熔断隔离器主要技术参数如表 1-16 所示，RS1 系列熔断器主要技术参数如表 1-17 所示。

表 1-16　RT18 系列熔断隔离器主要技术参数

型号	熔断体额定电流/A	尺寸/cm A/B/D/E/F	质量/kg
RT18-32	2，4，6，10，16，20，25，32	82/78/60/77/18	0.075
RT18-32X	2，4，6，10，16，20，25，32	82/78/60/77/18	0.075
RT18-63	2，4，6，10，16，20	106/103/80/110/26	0.18
RT18-63X	2，4，6，10，16，20	106/103/80/110/26	0.18

表 1-17　RS1 系列熔断器主要技术参数

型号	额定电流/A	额定电压/V	质量/kg
RS14	0.5, 1, 2, 3, 4, 6, 8, 10, 16, 20	500/660	0.004 5
RS15	0.5, 1, 2, 3, 4, 5, 6, 8, 10, 16, 25, 30, 35	500/660	0.009
RS16	1, 2, 3, 4, 5, 6, 8, 10, 16, 20, 25, 30, 32, 40, 50, 63	500/660	0.022
RS17	2, 4, 6, 8, 10, 12, 16, 20, 25, 32, 40, 50, 63, 80, 100	500/660	0.06

2. 熔断器的选择

选择熔断器主要是选择熔断器的类型、额定电压、额定电流及熔体的额定电流。

（1）熔断器的额定电压应大于或等于电路的工作电压。

（2）熔断器的额定电流应大于或等于熔体的额定电流。

（3）熔体额定电流的选择应符合以下几点。

①用于保护照明或电热设备的熔断器，因为负载电流比较稳定，所以熔体的额定电流应等于或稍大于负载的额定电流，即

$$I_{re} \geqslant I_e$$

式中，I_{re} 为熔体的额定电流；I_e 为负载的额定电流。

②用于保护单台长期工作电动机（即供电支线）的熔断器，考虑电动机启动时不应熔断，即

$$I_{re} \geqslant (1.5 \sim 2.5)I_e$$

式中，I_{re} 为熔体的额定电流；I_e 为电动机的额定电流；轻载启动或启动时间比较短时，系数可取 1.5，带重载启动时间比较长时，系数可取 2.5。

③用于保护频繁启动电动机（即供电支线）的熔断器，考虑频繁启动时发热，熔断器也不应熔断，即

$$I_{re} \geqslant (3 \sim 3.5)I_e$$

式中，I_{re} 为熔体的额定电流；I_e 为电动机的额定电流。

④用于保护多台电动机（即供电干线）的熔断器，在出现尖峰电流时也不应熔断。通常，将其中容量最大的一台电动机启动而其余电动机运行时出现的电流作为其尖峰电流，为此，熔体的额定电流应满足下述关系：

$$I_{re} \geqslant (1.5 \sim 2.5)I_{emax} + \sum I_e$$

式中，I_{re} 为熔体的额定电流；I_{emax} 为多台电动机中容量最大的一台电动机额定电流；$\sum I_e$ 为其余电动机额定电流之和。

⑤为防止发生越级熔断，上、下级（即供电干、支线）熔断器间应有良好的协调配合，为此，应使上一级（供电干线）熔断器的熔断额定电流比下一级（供电支线）大 1~2 个级差。

1.5.2　开关电器

1. 闸刀开关（胶盖刀开关）

（1）文字符号：QS。

（2）图形符号（图1-36）。

（3）基本结构及动作原理（图1-37）。

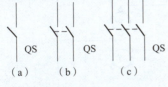

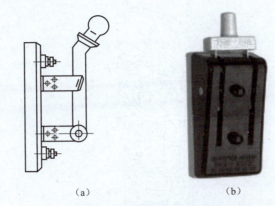

图1-36　刀开关的图形符号

（a）单级；（b）两极；（c）三极

图1-37　刀开关的示意图

（a）刀开关的动作原理；（b）刀开关的基本结构

（4）主要技术参数。

①型号：胶盖刀开关即开启式负荷开关，适用于交流频率为50 Hz，额定电压单相220 V、三相380 V，额定电流最大至100 A的电路中，用于不频繁地接通和分断有负载电路与小容量电路的短路保护。其中三极开关适当降低容量后，可作为小型感应电动机手动不频繁操作的直接启动，即分断用。常用的有HK1和HK2系列。胶盖刀开关的型号及其含义如图1-38所示。

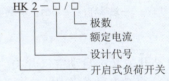

图1-38　胶盖刀开关的型号及其含义

②额定参数：额定电压，额定电流。

（5）刀开关的选用。

刀开关的额定电压应等于或大于电路额定电压，其额定电流应等于（在开启后通风良好的场合）或稍大于（在封闭的开关柜内或散热条件较差的工作场合，一般选1.15倍）电路工作电流。在开关柜内使用还应考虑操作方式，如杠杆操作机构、螺旋式操作机构等。当用刀开关控制电动机时，其额定电流要大于电动机额定电流的3倍。

2. 组合开关

组合开关又称转换开关，在机床电气设备中主要作为电源引入开关，也可用来直接控制小容量电动机不频繁地启动和停止。

（1）文字符号：QS。

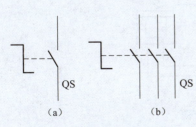

图1-39　组合开关的图形符号

（a）单极；（b）三极

（2）图形符号（图1-39）。

（3）组合开关由动触头、静触头、方形转轴、手柄、定位机构及外壳等组成，基本结构及动作原理如图1-40所示。

（4）主要技术参数。

组合开关是广泛应用于电气设备的电源开关，测量三相电压和控制7.5 kW以下小容量电动机的直接启动、正反转等不频繁操作的场合。组合开关的额定电压为 220 V 和 380 V，额定电流为 10 A、25 A、35 A、60 A 等，产品型号有 HZ5、HZ10 系列等。组合开关的型号及其含义如图 1-41 所示。

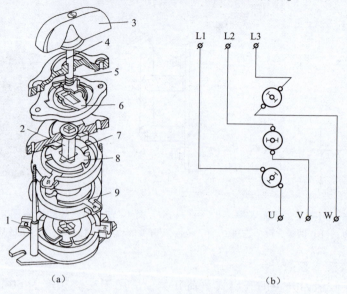

(a)　　　　　　　　　　　　　　(b)

图 1-40　组合开关的基本结构及动作原理

（a）组合开关的基本结构；（b）组合开关的动作原理

1—接线柱；2—绝缘杆；3—手柄；4—转轴；5—弹簧；6—凸轮；7—绝缘垫板；8—动触头；9—静触头

3. 自动开关

自动开关又称自动空气开关。

（1）自动开关的作用。

①起过载、短路等保护作用。

②可用于不频繁地接通和断开电路或控制电动机的启动与停止。

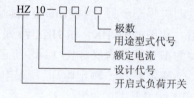

图 1-41　组合刀开关的型号及其含义

（2）自动开关的结构。

自动开关的结构如图 1-42 所示。

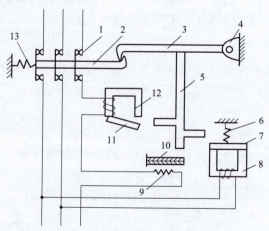

图 1-42　自动开关的结构

1—触头；2—锁键；3—搭钩；4—转轴；5—杠杆；6—弹簧；7—衔铁；8—欠电压脱扣器；
9—加热电阻丝；10—热脱扣器双金属片；11—衔铁；12—过电流脱扣；13—弹簧

（3）自动开关在电气电路图中的图形符号。

图 1-43 所示为自动开关的实物和图形符号。

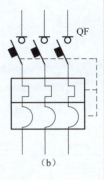

（a）

（b）

图 1-43　自动开关的实物和图形符号

（a）实物图；（b）图形符号

4. 主令电器

（1）控制按钮。控制按钮通常用来接通或断开控制电路（其中电流很小），从而控制电动机或其他电气设备的运行。原来就接通的触点称为常闭触点，原来就断开的触点称为常开触点，控制按钮结构如图 1-44 所示。

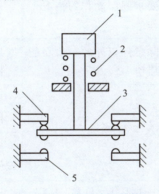

按钮与开关

图 1-44　控制按钮结构

1—按钮帽；2—复位弹簧；3—动触头；4—常闭静触头；5—常开静触头

按钮外形图及符号如图 1-45 和图 1-46 所示。中国国家标准对按钮的颜色和标识都有要求，根据这些要求可以正确地设计、识别按钮的功能及含义。按钮的颜色应符合表 1-18 所示的要求。

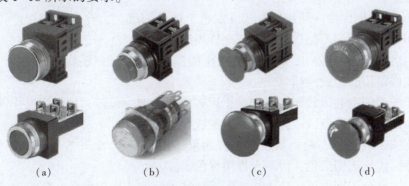

（a）　　　　　　（b）　　　　　　（c）　　　　　　（d）

图 1-45　控制按钮外形图

（a）平头式；（b）凸头式；（c）蘑菇头式；（d）自锁式

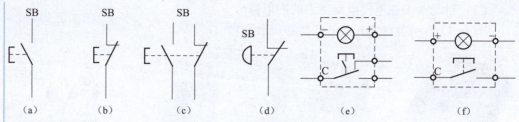

图 1-46　按钮的图形及文字符号

（a）常开触点；（b）常闭触点；（c）复式触点；（d）紧急停止；（e）按钮带锁；（f）按钮带灯

表 1-18　按钮的颜色代码及其含义

颜色	含义	说明	应用示例
红	紧急	危险或紧急情况时操作	急停
黄	异常	异常情况时操作	干预制止异常情况 干预重新启动中断了的自动循环
绿	正常	启动正常情况时操作	
蓝	强制性的	要求强制动作的情况下操作	复位功能
白	未赋予特定含义	除急停以外的一般功能的启动	启动/接通（优先） 停止/断开
灰			启动/接通 停止/断开
黑			启动/接通 停止/断开（优先）

注：如果使用代码的辅助手段（如形状、位置、标记）来识别按钮操作件，则白、灰或黑同一颜色可用于不同功能（如白色用于启动/接通和停止/断开）

急停和应急断开操作件应使用红色。

启动/接通操作件颜色应为白、灰或黑色，优先用白色，也允许用绿色，但不允许用红色。

停止/断开操作件应使用黑、灰或白色，优先用黑色。允许选用红色，但靠近紧急操作器件时建议不使用红色。不允许用绿色。

作为启动/接通与停止/断开交替操作的按钮操作件的优选颜色为白、灰或黑色，不允许使用红、黄或绿色。

对于按动即引起运转而松开则停止运转（如保持—运转）的按钮操作件，其优选颜色为白、灰或黑色，不允许用红、黄或绿色。

复位按钮应为蓝、白、灰或黑色。如果还用作停止/断开按钮，最好使用白、灰或黑色，优先选用黑色，但不允许用绿色。

除上述颜色识别以外，建议按钮用下列符号标记，标记可标在按钮附近，最好直接标在操作件之上，如表 1-19 所示。

表 1-19　按钮标记

启动和接通	停止或断开	启动或停止和 接通或断开交替 动作的按钮	按动则运转、松开 则停止运转的按钮 （即保持—运转）
60417-2-IEC-5007	60417-2-IEC-5008	60417-2-IEC-5010	60417-2-IEC-5011
∣	○	⊖	⊤

（2）指示灯。指示灯用来发出下列形式的信息。

①指示：引起操作者注意或指示操作者应该完成某种任务。红、黄、绿和蓝色通常用于这种方式。

②确认：用于确认一种指令、一种状态或情况，或者用于确认一种变化或转换阶段的结束。蓝色和白色通常用于这种方式，某些情况下也可用绿色。

图 1-47 所示为指示灯外形图，图 1-48 所示为指示灯图形及文字符号。指示灯的颜色应符合表 1-20 所示的要求。

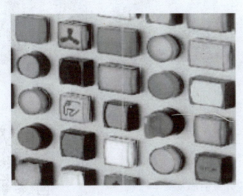

图 1-47　指示灯外形图　　　　图 1-48　指示灯图形及文字符号

表 1-20　指示灯的颜色及其相对应机械状态的含义

颜色	含义	说明	操作者的动作
红	紧急	危险情况	立即动作去处理危险情况（如操作急停）
黄	异常	异常情况/紧急临界情况	监视和（或）干预（如重建需要的功能）
绿	正常	正常情况	任选
蓝	强制性	指示操作者需要动作	强制性动作
白	无确定性质	其他情况	监视

（3）行程开关。行程开关是根据运动部件位置而切换电路的自动控制电器，用来控制运动部件的运动方向、行程大小或位置保护。它是反映工作机械的行程发布

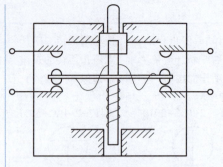

图1-49　微动式行程开关的结构

命令以控制其运动方向或行程大小的主令电器。如果把行程开关安装在工作机械各种行程终点处，限制其行程，它就称为限位开关或终端开关。因此，行程开关、限位开关和终端开关是同一开关，它们被广泛用于各类机床和起重机械，以控制这些机械的行程。行程开关按结构分为直动式（LX1系列）、滚轮式（LX2系列）和微动式（LXW-11系列）。图1-49所示为微动式行程开关的结构。

当工作机械运动到某一预定位置时，行程开关就通过机械可动部分的动作将机械信号变换为电信号，以实现对机械的电气控制，限制它们的动作或位置，借此为机械提供必要的保护。图1-50所示为行程开关外形图，图1-51所示为行程开关图形及文字符号。

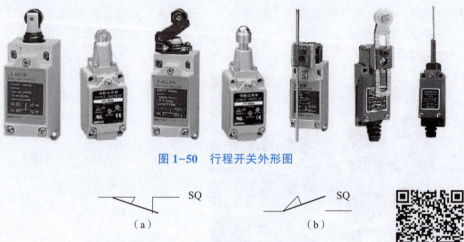

图1-50　行程开关外形图

图1-51　行程开关图形及文字符号

（a）行程开关常闭；（b）行程开关常开

行程开关

（4）接近开关。接近开关是非接触式的监测装置，当运动物体接近它的一定范围内时就能发出信号，以控制运动物体的位置或计数。

从工作原理来看，接近开关有高频振荡型、感应电桥型、霍尔效应型、光电型、永磁及磁敏元件型、电容型、超声波型等多种类型。图1-52所示为接近开关外形图，图1-53所示为霍尔接近开关图形及文字符号，图1-54所示为接近开关图形及文字符号。

图1-52　接近开关外形图

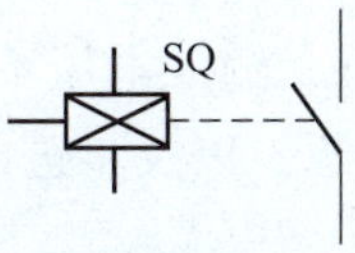

图 1-53　霍尔接近开关图形及文字符号　　图 1-54　接近开关图形及文字符号

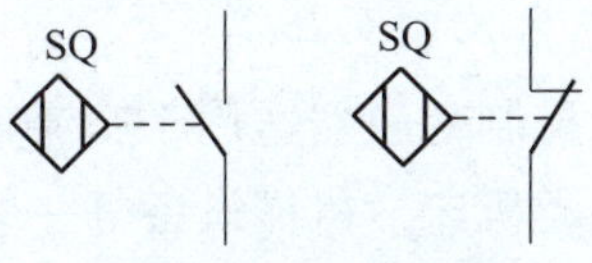

（a）常开触点；（b）常闭触点

（5）微动开关。微动开关是具有瞬时动作和微小行程，可直接由某个一定的力经过一定的行程使触头速动，从而实现电路转换的灵敏开关。脚踏开关是典型的微动开关。图 1-55 所示为微动开关外形图，图 1-56 所示为脚踏开关外形图，图 1-57 所示为脚踏开关图形及文字符号。

图 1-55　微动开关外形图

图 1-56　脚踏开关外形图 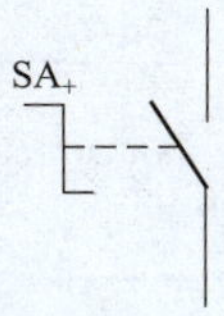　　图 1-57　脚踏开关图形及文字符号

其他开关还有刀开关、万能转换开关、钥匙开关和组合开关等。

1.5.3　导线和电缆

数控机床上主要有三种导线：动力线、控制线、信号线。

导线的选择应适用于工作条件（如电压、电流、电击的防护）和可能存在的外界影响［如环境温度、湿度或存在腐蚀物质燃烧危险和机械应力（包括安装期间的应力）］。因此，导线的横截面面积、材质（铜或铝等）、绝缘材料都是设计时需要考虑的，可以参照相关的技术选型手册。

1.6　电源变压器

1.6.1　变压器

变压器是一种将某一数值的交流电压变换成频率相同但数值不同的交流电压的静止电器。

1. 机床控制变压器

机床控制变压器适用于交流频率为 50~60 Hz、输入电压不超过 660 V 的电路，可作为各类机床、机械设备等一般电器的控制电源，以及步进电动机驱动器、局部照明和指示灯的电源。

图 1-58 所示为机床控制变压器的外形图，图 1-59 所示为变压器图形及文字符号。表 1-21 所示为 JBK 系列控制变压器电压类型，表 1-22 所示为 BK 系列控制变压器规格参数及尺寸。

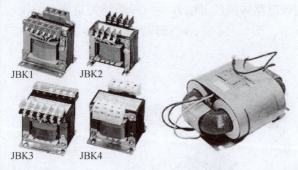

图 1-58　机床控制变压器外形图　　　　图 1-59　双绕组变压器图形及文字符号

表 1-21　JBK 系列控制变压器电压类型

规格/(V·A)	初级电压/V	次级电压/V		
		控制	照明	指示信号
40	220 或 380	110（127）（220）	24（36）（48）	6（12）
63				
160	220 或 380	110（127）（220）	24（36）（48）	6（12）
400				
1 000				

表 1-22　BK 系列控制变压器规格参数及尺寸

型号	初级电压/V	次级电压/V	安装尺寸：长×宽/（mm×mm）	安装孔：直径×孔深/（mm×mm）	外形尺寸 B×D×E/（mm×mm×mm）
BK-25	220、380 或根据用户需求而定	6.3、12、24、36、110、127、220、380 或根据用户需求而定	62.5×46	5×7	80×75×89
BK-150			85×73	6×8	105×103×110
BK-700			125×100	8×11	153×146×160
BK-1 500			150.5×159	8×11	185×234×210
BK-5 000			196.5×192	8×11	245×286×265

JBK 系列机床控制变压器型号含义如图 1-60 所示，BK 系列控制变压器型号含义如图 1-61 所示。

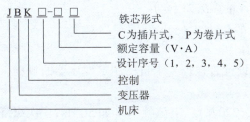

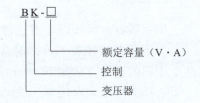

图 1-60　JBK 系列机床控制变压器型号含义　　图 1-61　BK 系列控制变压器型号含义

BK 系列控制变压器适用于 50~60 Hz 的交流电路中，可作为机床和机械设备中一般电器的控制电源及局部照明和指示电源。

2. 三相变压器

在普遍采用的三相交流系统中，三相电压的变换可用三台单相变压器也可用一台三相变压器，从经济性和安装体积等方面考虑，优先选择三相变压器。在数控机床中，三相变压器的主要作用是给伺服动力装置等供电。图 1-62 所示为三相变压器外形图，图 1-63 所示为三相变压器图形及文字符号（星形-三角形连接）。

图 1-62　三相变压器外形图

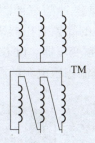

图 1-63　三相变压器（星形-三角形连接）图形及文字符号

3. 变压器的选择

选择变压器的主要依据是变压器的额定值，根据设备的需要，变压器有标准和非标准两类。两类变压器的选择方法如下。

（1）标准变压器。

①根据实际情况选择初级（原边）额定电压 U_1（380 V、220 V），再选择次级额定电压 $U_2,U_3,\cdots$（次级额定电压值是指加初级额定电压时，次级的空载输出，当次级带有额定负载时输出电压下降 5%，因此选择输出额定电压时应略高于负载额定电压）。

②根据实际负载情况，确定次级绕组额定电流 $I_1,I_2,I_3,\cdots$，一般绕组的额定输出电流应大于或等于额定负载电流。

③次级额定容量由总容量确定。总容量算法如下。

$$P_2=U_2I_2+U_3I_3+U_4I_4+\cdots$$

三相变压器也可按以上方法进行选择。

（2）非标准变压器。设计时常需要设计者根据要求自己制定变压器的规格，非标准变压器的选择方法如下。

①选择初级额定电压 U_1（如 380 V、220 V），电源频率（如 50 Hz），次级绕组电压、电流及总容量，选择方法与标准变压器相同。初级、次级之间屏蔽层根据要求选用，有特殊绝缘要求的次级绕组应提出耐压要求；对于引出线端及排列有特殊要求的，应该用图示加以说明；对有防护等级要求、外形尺寸限制等其他条件的，应与制造商协商解决。

②变压器的选用除要考虑变压比之外，还要考虑变压器的性价比，优先选用变压挡输出完整的变压器，以达到只用一个变压器多电压挡输出的目的，且能够同时满足控制电路、照明电路、标准电器等对电压大小的不同要求，这样一方面节约了成本，另一方面节省了安装空间。

1.6.2　直流稳压电源

直流稳压电源的功能是将非稳定交流电源变成稳定直流电源。在数控机床系统中，需要稳压电源给驱动器、控制单元、小直流继电器、信号指示等提供直流电源，故通常采用开关电源和一体化电源。

（1）开关电源。开关电源被称作高效节能电源，因为内部电路工作在高频开关状态，所以自身消耗的能量很低，电源效率可达 80% 左右，比普通线性稳压电源提高近一倍。目前生产的无工频变压器式中、小功率开关电源，普遍采用脉冲宽度调制器（简称脉宽调制器，PWM）或脉冲频率调制器（简称脉频调制器，PFM）专用集成电路，它们是利用体积很小的高频变压器来实现电压变化及电网隔离的，因此能省掉体积笨重且损耗较大的工频变压器。以 GZM-U40 型开关电源为例，其外观如图 1-64 所示，图 1-65 所示为直流稳压电源的图形符号。

图 1-64　GZM-U40 型开关电源外形图

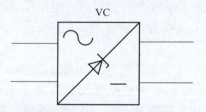

图 1-65　直流稳压电源的图形符号

开关电源的主要性能指标有以下几种。

①输入电压：AC 85~264 V。

②输入频率：47~63 Hz。

③冷态冲击电流：AC 20 A/115 V；AC 30 A/220 V。

④过流保护：在 105%~150% 的额定值开始保护；过压保护；过功率保护；短路保护；自动恢复。

⑤启动、上升、保持：分别为 500 ms、50 ms 及大于 20 ms。

⑥抗电强度：输入与输出之间、输入与大地之间可承受 AC 1.5 kV/min。

⑦绝缘电阻：输入与大地之间、输入与输出之间加 DC 500 V，绝缘电阻大于 50 MΩ。

⑧工作环境温度：-10~45 ℃，60 ℃ 时可用功率的 60%，70 ℃ 时可用满功率的 35%。

⑨效率：65%~87%。

⑩纹波噪声：小于输出电压的 1%。

⑪存储温度：-20~85 ℃。

⑫输出电压调整：±10% 范围内，总调整率（线形及负载）小于 ±2%。

⑬安规标准：参考 UL1950。

（2）一体化电源。一体化电源是采用传导冷却方式的 AC/DC 开关电源，应用于数字电路、工业仪表、交通运输、通信设备、工控机等大型设备及科研与实验设备，作为直流供电电源。一体化电源外形如图 1-66 所示。

图 1-66　一体化电源外形图

以下是 4NIC 系列电源的主要参数（所有电参数测试均在 25 ℃ 环境温度下进行）。

①输入参数：AC 220（1±10%）V/50（47~63）Hz 单相或 AC 380（1±10%）V/50 Hz 三相。

②输出参数：DC 5~300 V。

③电流为 0.5~20 A，功率为 2~2 000 W。

④电压调整率 ≤0.5%（5 V 输出时，电压调整率 ≤1%）。

⑤电流调整率 ≤1.0%（5 V 输出时，电流调整率 ≤2%）。

⑥纹波系数 ≤1.0%，工作频率为 50~100 kHz。

开关电源

⑦具有过热、过流、短路保护；可另加过欠压保护；负载率在 0~100%；使用率为 80%。

⑧效率为 80%。

⑨一般参数隔离电压：输入对外壳为 AC 1 500 V/min，漏电流≤10 mA；输入对输出为 AC 1 000 V/min，漏电流≤10 mA。

⑩绝缘电阻：输入对输出、输入对外壳，DC 1 000 V≥200 MΩ；输出对外壳，DC 250 V≥200 MΩ；输出对输出，DC 250 V≥200 MΩ。

⑪ 物理参数：外壳铝合金，6 面金属屏蔽。

4NIC 系列电源型号含义如图 1-67 所示。

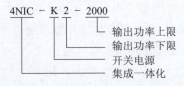

图 1-67　4NIC 系列电源型号含义

举例说明：4NIC-K480 表示输出功率为 480 W 的开关集成一体化电源。

4NIC 系列电源的输出电压、电流可以是 48 V/10 A、60 V/8 A、24 V/20 A、80 V/6 A 等；对于自带风机的隧道风机冷外壳，其型号的最后加一个字母 F。

（3）电源的选择。选择电源时需要考虑的问题主要有电源的输出功率、输出路数；电源的尺寸；电源的安装方式和安装孔位；电源的冷却方式；电源在系统中的位置及走线；环境温度；绝缘强度；电磁兼容；环境条件。

①为了提高系统的可靠性，建议电源工作在 50%～80%负载为佳，即假设所用功率为 20 W，则应选用输出功率为 25～40 W 的电源。

②尽量选用厂家的标准电源，包括标准的尺寸和输出电压。厂家的标准品一般都会有库存，送样及以后的订货、交货都比较快；相对而言，特殊的尺寸和特殊的输出电压，则会增加开发时间及成本。

③所需电源的输出电压路数越多，挑选标准电源的机会就越小，同时增加输出电压路数会带来成本的增加，目前多电路输出的电源以三路、四路输出较为常见。因此，在选择电源时应该尽量减少输出路数，选用多路输出共地的电源。

④明确输入电压范围，以交流输入为例，常用的输入电压规格有 110 V、220 V，相应就有了 110 V、220 V 交流切换，以及通用输入电压（AC 85～264 V）3 种规格。在选择输入电压规格时应明确系统将会用到的地区，如果要出口美、日等市电为 110 V 交流电的国家，可以选择 110 V 交流输入的电源；而只在国内使用时，才可以选择 220 V 交流输入的电源。

⑤电源在工作时会消耗一部分功率，并以热量的形式释放出来，因此用户在进行系统设计时（尤其是封闭的系统）应考虑电源的散热问题。如果系统能形成良好的自然对流风道，且电源位于风道上，则可以考虑选择自然冷却的电源；如果系统的通风比较差或系统内部温度比较高，则可以考虑选择风冷的电源。

⑥如果环境不是很恶劣或在电柜中（符合防护等级 IP54），则可选用普通电源；如果在条件恶劣的环境中使用，如油污、潮湿、腐蚀等，则选用全密封的一体化电源较好。

 计划决策

（一）工作准备

1. 工具、仪表及器材

（1）工具：测电笔、十字螺丝刀、一字螺丝刀、电工钳、尖嘴钳、斜口钳、剥线钳、电工刀等。

（2）仪表：万用表一只。

（3）导线规格：紧固体及编码套管等。

（4）器材：控制电路板一块。

2. 项目计划单

制定选用单向控制电路的低压电器方案，制定项目计划单，列出元件明细，填入表 1–23 中。

表 1–23 元件明细清单

序号	代号	名称	型号规格	数量	备注

（二）设计双向控制电路的位置图

（三）设计双向控制电路的元件接线图

 **任务实施**

（1）根据电路图画出位置图及接线图。

（2）按表1-23配齐所用电气元件，并进行质量检验。电气元件应完好无损，各项技术指标符合规定要求，否则应予以更换。

（3）在控制板上按设计的位置图所示安装所有的电气元件，并贴上醒目的文字符号。安装时，组合开关、熔断器的受电端应安装在控制板的外侧；元件排列要整齐、匀称、间距合理，且便于元件的更换；紧固电气元件时用力要均匀，紧固程度适当，做到既使元件安装牢固，又不使其损坏。

（4）按接线图进行板前明线布线和套编码套管。做到布线横平竖直、整齐、分布均匀、紧贴安装面、走线合理；套编码套管要正确；严禁损伤线心和导线绝缘；接点牢靠，不得松动，不得压绝缘层，不反圈及不露铜过长等。

（5）根据图1-1所示的电路图检查控制板布线的正确性。

（6）安装电动机。做到安装牢固、平稳，防止在换向时产生滚动而引起事故。

（7）连接电动机和按钮金属外壳的保护接地线。

（8）连接电源、电动机等控制板外部的导线。导线要敷设在导线通道内，并采用绝缘良好的橡皮线进行通电校验。

 **检查评估**

1. 自检

安装完毕的控制电路板必须按要求进行认真检查，确保无误后才允许通电试车。

（1）主电路接线检查。按电路图或接线图从电源端开始，逐段核对接线有无漏接、错接之处，检查导线接点是否符合要求、压接是否牢固，以免带负载运行时产生闪弧现象。

（2）控制电路接线检查。用万用表电阻挡检查控制电路接线情况。

2. 交验合格后，通电试车

出现故障后，学生应独立进行检修。当需带电检查时，必须有教师在现场监护。

通电时，必须经指导教师同意后再接通电源，并需要教师在现场进行监护。

接通三相电源L1、L2、L3，合上电源开关QS，用电笔检查熔断器出线端，氖管亮说明电源接通。分别按下SB1、SB2和SB3按钮，观察是否符合电路功能要求，观察电气元件动作是否灵活，有无卡阻及噪声超大现象，观察电动机运行是否正常。若有异常，立即停车检查。

3. 通电试车完毕，停转、切断电源

先拆除三相电源线，再拆除电动机负载线。

4. 检查评估

工作质量检测内容如表1-24所示。

表1-24 工作质量检测表

序号	检查项目	检查标准	学生自检	教师检查
1	教师提问	回答认真、标准		
2	布局和结构	布局合理、结构紧凑、控制方便、美观大方		
3	元器件的排序和固定	排列整齐，元器件固定可靠、牢固		
4	布线	横平竖直，转弯成直角，少交叉；多根导线并拢平行走		
5	接线	接线正确、牢固，敷线平直整齐，无漏洞、反圈、压胶，绝缘性能好，外形美观		
6	整个电路	没有接出多余线头，每条线按要求接，每条线都没有接错		
7	元器件安装	元器件安装正确		
8	电路是否可以正常工作	开关、插座、白炽灯、日光灯、电度表都正常工作		
9	会用仪表检查电路	会用万用表检查电路和元器件的安装是否正确		
10	故障排除	能够排除电路的常见故障		
11	工具的使用和原材料的用量	工具使用合理、准确且摆放整齐，用后归放原位；节约使用原材料，不浪费		
12	安全用电	注意安全用电，不带电作业		

检查评价	班级		第 组	组长签字
	教师签字		日期	
	评语：			

收获反思

党的二十大报告指出，必须坚持科技是第一生产力、人才是第一资源、创新是第一动力，深入实施科教兴国战略、人才强国战略、创新驱动发展战略，开辟发展新领域新赛道，不断塑造发展新动能、新优势。请结合本任务的学习，反思如何成为高技能人才，并填写在表1-25中。

表 1-25　收获反思

课后习题与答案

习　　题

一、填空题

1. 按照我国国家标准规定，"停止"按钮必须是＿＿＿＿＿＿色，"启动"按钮必须是＿＿＿＿＿＿色。

2. 当电路正常工作时，熔断器熔体允许长期通过 1.2 倍的额定电流而不熔断。当电路发生＿＿＿＿＿＿或＿＿＿＿＿＿时，熔体熔断，切断电路。

3. 电磁式继电器按照励磁线圈电流的种类可分为＿＿＿＿＿＿和＿＿＿＿＿＿。

4. 电磁铁的种类按电流性质分为＿＿＿＿＿＿和＿＿＿＿＿＿。

5. 选择接触器时应从其工作条件出发，控制交流负载应选用＿＿＿＿＿＿；控制直流负载则选用＿＿＿＿＿＿。

6. 中间继电器的作用是将一个输入信号＿＿＿＿＿＿＿＿＿＿＿＿输出信号或将信号＿＿＿＿＿＿＿＿＿＿＿＿。

7. 电器按动作原理分为＿＿＿＿＿＿和＿＿＿＿＿＿。

8. 接触器选用时，其主触点额定工作电压应＿＿＿＿＿＿或＿＿＿＿＿＿负载电路电压。

9. 接触器主要组成部分有＿＿＿＿＿＿、＿＿＿＿＿＿、灭弧装置，具有控制和保护作用。

10. 空气阻尼式时间继电器主要由＿＿＿＿＿＿、＿＿＿＿＿＿和触点系统三部分组成。

11. 热继电器是对电动机进行＿＿＿＿＿＿保护的电器；熔断器是用于供电电路和电气设备的＿＿＿＿＿＿保护的电器。

12. 热继电器是一种利用＿＿＿＿＿＿来切断电路的保护电器，它用作电动机长期过载保护，不宜作＿＿＿＿＿＿保护。

13. 熔断器用于各种电气电路中＿＿＿＿＿＿和＿＿＿＿＿＿保护。

14. 时间继电器按延时方式可以分为＿＿＿＿＿＿延时型和＿＿＿＿＿＿延时型。

15. 试举出两种不频繁地手动接通和分断电路的开关电器：＿＿＿＿＿＿＿＿、＿＿＿＿＿＿＿＿。

16. 数控机床低压电器包括＿＿＿＿＿＿、＿＿＿＿＿＿、执行电器。

17. 小型断路器主要用于＿＿＿＿＿＿和＿＿＿＿＿＿。

18. 接触器上的短路环是放置在＿＿＿＿＿＿部件上的，起到＿＿＿＿＿＿作用。

19. 变压器根据接入电源的性质来分可以分为＿＿＿＿＿＿、＿＿＿＿＿＿。

20. 直流稳压电源的功能是将非稳定＿＿＿＿＿＿电源变成稳定＿＿＿＿＿＿电源。

21. 在数控机床中提供直流电源的元件主要有＿＿＿＿＿＿和＿＿＿＿＿＿。

二、判断题

1. （　　）低压断路器又称为自动空气开关。
2. （　　）热继电器的额定电流就是其触点的额定电流。
3. （　　）RL 系列熔断器一般用于机床控制电路中作为对电动机实现过载和短路保护。
4. （　　）按钮帽做成不同的颜色是为了标明各个按钮的作用。
5. （　　）刀开关用于隔离电源或在规定条件下通、断电路或转换正常或非正常电路。
6. （　　）刀开关只要垂直方向安装即可。
7. （　　）电磁式时间继电路线圈可以通交、直流电流。
8. （　　）电流继电器在使用时，电流继电器线圈与负载并联。
9. （　　）电压继电器在使用时，电压继电器线圈与负载串联。
10. （　　）断路器是一种既能实现控制又能实现保护的开关电器。
11. （　　）接触器按照控制电路中电流的种类分为交流接触器和直流接触器。
12. （　　）接触器的线圈可以并接于电磁中，也可以串接于电路中。
13. （　　）接触器用来通断大电流电路的同时还具有欠电压或过电压保护。
14. （　　）空气阻力式时间继电器的线圈只能通过交流电流。
15. （　　）热继电器的热元件应串接于主电路中，可以实现过载或短路保护。
16. （　　）热继电器的热元件整定电流值应与电动机的启动电流相等。
17. （　　）熔断器应串联于电路中作为短路和严重过载保护。
18. （　　）熔体的额定电流是长期通过熔体不熔断的最大工作电流。
19. （　　）行程开关可以作为控制电器，也可以作为保护电器。
20. （　　）中间继电器的触点数多，需装灭弧装置。
21. （　　）转换开关常用作机床电路的电源引入开关，也用来直接控制小容量电动机不频繁启动和停止。
22. （　　）时间继电器只有在线圈通电时，触点才延时动作。
23. （　　）刀开关在低压电路中，作为频繁地手动接通、分断电路开关。
24. （　　）选用低压断路器时，断路器的额定短路通断能力应大于或等于电路中的最大短路电流。
25. （　　）作为电动保护用熔断器应考虑电动机的启动电流，一般熔断器的额定电流为电动机额定电流的 2~25 倍。
26. （　　）没有灭弧罩的刀开关，可以切断负荷电流。
27. （　　）电磁型中间继电器触点延时闭合或断开，是通过继电器铁芯上套有若干片铜短路环获得的。
28. （　　）自动开关的通断能力是指在一定的实验条件下，能够接通和分断的预期电流值。
29. （　　）低压断路器额定电压应大于或等于电路、设备的正常工作电压。
30. （　　）对于低压断路器来说，只要造成短路都会使开关跳闸，即将三相同时切断。

31. （　　　）接触器等低压电器中触点表面接触良好，并有一定的超程和耐压力。

32. （　　　）接触器在选择时仅需注意额定电压、额定电流的选取。

33. （　　　）"零电压"是指继电器的电压为零时的状态。

34. （　　　）中间继电器在使用时线圈电流的种类和电压等级应与控制电路一致。

三、选择题

1. 触点表面接触不好，接触电阻（　　　）。

A. 增大　　　　　　　B. 减小　　　　　　　C. 不变

2. 电磁式时间继电器的线圈只能接通（　　　）。

A. 直流电　　　　　　B. 交流电　　　　　　C. 都可以

3. 电磁式时间继电器是在（　　　）得到延时的。

A. 通电时　　　　　　B. 通电或断电时　　　C. 断电时

4. 电磁铁是将电能转化为（　　　）的电器。

A. 磁能　　　　　　　B. 机械能　　　　　　C. 热能

5. 电磁阻尼型时间继电器是利用（　　　）产生延时的。

A. 改变线圈电流　　　B. 电磁阻尼原理　　　C. 改变线圈电压

6. 电流继电器线圈（　　　）接于电路中。

A. 串联　　　　　　　B. 并联　　　　　　　C. 串并联

7. 电压继电器线圈（　　　）接于电路中。

A. 串联　　　　　　　B. 并联　　　　　　　C. 串并联

8. 断路器是一种（　　　）电器。

A. 保护　　　　　　　B. 控制　　　　　　　C. 保护开关

9. 对于有电动机启动的场合，在选用刀开关时可选用额定电流等于或大于电动机额定电流的（　　　）。

A. 1 倍　　　　　　　B. 2 倍　　　　　　　C. 3 倍

10. 继电器按照输入信号可分为电压继电器、（　　　）、速度继电器、时间继电器等。

A. 热继电器　　　　　B. 电流继电器　　　　C. 感应式继电器

11. 交流接触器短路环的作用是（　　　）。

A. 消除衔铁在铁芯上的振动　　　　　B. 增大铁芯磁通

C. 减缓铁芯冲击

12. 接触器励磁线圈（　　　）接于电路中。

A. 串联　　　　　　　B. 并联　　　　　　　C. 串并联

13. 空气阻力式时间继电器（　　　）延时。

A. 只能做成通电　　　B. 只能断电　　　　　C. 可以制成通成断电

14. 熔断器串接在电路中实现（　　　）保护。

A. 长期过载　　　　　B. 欠电流　　　　　　C. 短路

15. 熔断器是一种（　　　）电器。

A. 控制　　　　　　　B. 保护　　　　　　　C. 手动

16. 下列元器件在电气控制中，进行正确连接后，能起到欠压保护的是（   ）。

　　A. 接触器　　　　　B. 熔断器　　　　　C. 热继电器

17. 行程开关是用来反映工作机械的行程位置而发出命令，以控制其运动方向和行程大小的（   ）。

　　A. 主令开关　　　　B. 操作电器　　　　C. 控制按钮

18. 行程开关是主令电器的一种，它是（   ）电器。

　　A. 手动　　　　　　B. 保护　　　　　　C. 控制和保护

19. 直流接触器磁路中常垫以非磁性片的目的是（   ）。

　　A. 减小吸合时的电流　　　　　　B. 减小剩磁的影响

　　C. 减小铁芯涡流影响

20. 中小容量异步电动机的过载保护一般采用（   ）。

　　A. 熔断器　　　　　B. 磁力启动器　　　C. 热继电器

21. 下列低压电器中可以实现过载保护的有（   ）。

　　A. 热继电器　　　　B. 速度继电器　　　C. 接触器

22. 下列属于低压配电电器的是（   ）。

　　A. 接触器　　　　　B. 继电器　　　　　C. 刀开关　　　　　D. 时间继电器

23. 交流接触器是利用（   ）配合动作的一种自动控制电器。

　　A. 电动力与弹簧弹力　　　　　　B. 外施压力与弹簧弹力

　　C. 电磁力与空气阻尼力　　　　　D. 电磁力与弹簧弹力

24. 下列不属于低压控制电器的是（   ）。

　　A. 接触器　　　　　B. 按钮　　　　　　C. 转换开关　　　　D 继电器

25. 低压断路器的热脱扣器感测到（   ）故障信号后，可经脱扣机构使低压断路器的主触头分断。

　　A. 过载　　　　　　B. 短路　　　　　　C. 欠压　　　　　　D. 失压

26. 下列低压电器中可以实现短路保护的有（   ）。

　　A. 热继电器　　　　B. 速度继电器　　　C. 熔断器

27. 低压电器就其用途或控制的对象不同，可以分为（   ）和低压控制电器。

　　A. 低压配电电器　　　　　　　　B. 低压显示电器

　　C. 低压供电电器　　　　　　　　D. 低压操作电器

28. 继电器的输入信号是（   ）。

　　A. 电的　　　　　　B. 非电的　　　　　C. 电的或非电的

29. 交流接触器常用于远距离接通和分断（   ）的电路。

　　A. 电压为 280 V、电流为 630 A

　　B. 电压为 1 140 V、电流为 630 A

　　C. 电压为 1 140 V、电流为 1 000 A

　　D. 电压为 380 V、电流为 1 000 A

30. 热继电器是一种利用（   ）进行工作的保护电器。

　　A. 电流的热效应原理　　　　　　B. 监测导体发热的原理

　　C. 监测线圈温度的原理　　　　　D. 测量红外线的原理

31. 低压断路器即低压自动开关相当于（　　　）的组合。

A. 刀开关、熔断器、热继电器、欠压继电器

B. 刀开关、熔断器、热继电器、启动器

C. 刀开关、熔断器、热继电器、压力继电器

D. 刀开关、熔断器、热继电器、操作手柄

32. 过电压是指继电器的电压超过该继电器额定电压的（　　　）。

A. 105%～140%　　　　　　　　　B. 105%～115%

C. 100%～115%　　　　　　　　　D. 100%～140%

33. 低压断路器的极限通断能力应（　　　）电路的最大短路电流。

A. 小于或等于　　B. 小于　　　　C. 大于或等于　　D. 大于

34. 在数控机床的控制电路中，继电器的线圈额定电压为（　　　）。

A. AC 24 V　　　B. AC 110 V　　　C. DC 24 V　　　D. DC 24 V

35. 在数控机床系统中，需要用稳压电源给驱动器、控制单元等提供（　　　）
电源。

A. DC 24 V　　　　B. AC 110 V　　　C. AC 220 V　　　D. DC 5 V

四、简答题

1. 低压断路器有哪些保护作用？

2. 简述交流接触器在动作时动合和动断触点的动作顺序。

3. 交流接触器在使用中应注意哪些问题？

4. 简述主令电器的作用及主要类型。

5. 两个同型号的交流接触器，线圈额定电压为 110 V，试问能不能串联后接于
220 V 交流电源？

答　案

一、填空题

1. 红色，绿色

2. 短路，严重过载

3. 直流继电器，交流继电器

4. 直流，交流

5. 交流接触器，直流接触器

6. 转换，放大

7. 手动电器，自动电器

8. 大于，等于

9. 电磁结构，触点系统

10. 电磁系统，延时机构

11. 长期过载，短路

12. 热敏元件，短路

13. 短路，严重过载

14. 通电，断电

15. 断路器，转换开关

16. 控制电器，保护电器

17. 照明配电系统，控制回路

18. 铁芯，防止铁芯振动和噪声

19. 单相变压器，三相变压器

20. 交流，直流

21. 开关电源，一体化电源

二、判断题

1. √   2. ×   3. ×   4. √   5. √   6. ×   7. ×   8. ×   9. ×   10. √

11. √   12. √   13. √   14. √   15. ×   16. ×   17. √   18. √   19. √   20. ×

21. ×   22. ×   23. ×   24. √   25. √   26. ×   27. √   28. √   29. √   30. √

31. √   32. ×   33. ×   34. √

三、选择题

1. A   2. C   3. B   4. B   5. B   6. A   7. B   8. C   9. B   10. B

11. A   12. C   13. B   14. C   15. B   16. A   17. A   18. C   19. B   20. C

21. C   22. C   23. D   24. C   25. A   26. C   27. A   28. C   29. B   30. A

31. A   32. B   33. C   34. C   35. A

四、简答题

1. 答案：低压断路器是将控制电器和保护电器的功能合为一体的电器。它常作为不频繁接通和断开的电路的总电源开关或部分电路的电源开关，当电路发生过载、短路或欠压等故障时能自动切断电路，有效地保护串接在它后面的电气设备。

2. 答案：交流接触器在动作时，动合和动断触点的动作顺序是：当接触器线圈通电后，动断触点先断开，动合触点后闭合；当接触器线圈断电后，动合触点先断开，动断触点再闭合。

3. 答案：励磁线圈电压为 $85\% \sim 105\%\ U_N$；铁芯衔铁短路环完好；活动部件应动作灵活；端面接触良好；触点表面接触良好，并有一定的超程和耐压力；操作频率应在允许范围内。

4. 答案：主令电器的作用是隔离电源或在规定条件下接通、分断电路；主令电器的类型，即控制按钮、行程开关、万能转换开关、主令控制器。

5. 答案：不能串联。否则将因衔铁气隙的不同，线圈交流阻抗不同，电压不会平均分配，导致电器不能可靠工作。

项目二　数控机床电气原理图

任务一　某数控机床电气原理图绘制

任务描述

以某型号数控机床为例，绘制此数控机床的电气原理图。

任务目标

※知识目标

（1）掌握数控机床电气控制电路中的图形及文字符号的使用方法。

（2）掌握数控机床电气控制电路的绘制规则。

※技能目标

（1）能够正确识读基本电气符号。

（2）能够按照工艺要求绘制数控机床电气原理图。

※素养目标

聚焦立德树人，深化就业引领，培养学生安全第一意识、遵守法律法规意识、自我保护意识、团队协作意识，培养学生职业道德，为推进新型工业化，加快建设制造强国、质量强国、航天强国、交通强国、网络强国、数字中国努力奋斗。

任务分析

本任务以某型号数控机床为例，使用 CAXA 电子图板软件绘制其电气原理图。本任务参照某型号数控机床电气原理图，让学生通过知识准备阶段对数控机床电气控制电路中的图形及文字符号使用方法、电气控制电路绘制规则的学习，能够使用 CAXA 电子图板绘制此数控机床电气原理图。

知识准备

电力拖动控制系统由拖动机器的电动机和电气控制电路等组成。为了表达电气控制系统的设计意图，便于分析其工作原理及安装、调试和检修控制系统，必须采用统一的图形符号和文字符号来表达。

2.1 电气控制电路的图形及文字符号

电气图示符号有图形符号、文字符号、回路标号及坐标标示和文字标示。

1. 图形符号

图形符号通常用于图样或其他文件，以表示一个设备或概念的图形、标记或字符。

电气控制系统图中的图形符号必须按国家标准绘制。图形符号含有符号要素、一般符号和限定符号。

（1）符号要素是一种具有确定意义的简单图形，必须同其他图形组合才能构成一个设备或概念的完整符号。如接触器常开主触点的符号就由接触器触点功能和常开触点符号组合而成。

（2）一般符号是用于表示一类产品和此类产品特征的一种简单的符号。如电动机可用一个圆圈表示。

（3）限定符号是将一种附加信息加在其他符号上的符号。

运用图形符号绘制电气系统图时应注意以下几点：

①符号尺寸大小、线条粗细依国家标准可放大与缩小，但在同一张图样中，同一符号的尺寸应保持一致，各符号间及符号本身比例应保持不变。

②在国家标准中示出的符号方位，在不改变符号含义的前提下，可根据图面布置的需要旋转，或成镜像位置，但文字和指示方向不得倒置。

③大多数符号都可以加上补充说明标记。

④有些具体器件的符号由设计者根据国家标准的符号要素、一般符号和限定符号组合而成。

⑤国家标准未规定的图形符号，可根据实际需要，按突出特征、结构简单、便于识别的原则进行设计，但需要报国家标准局备案。当采用其他来源的符号或代号时，必须在图解和文件上说明其含义。

2. 文字符号

文字符号分为基本文字符号和辅助文字符号。文字符号适用于电气技术领域中技术文件的编制，也可表示在电气设备、装置和元件上或其近旁，以标明它们的名称、功能、状态和特征。

（1）基本文字符号有单字母与双字母两种。单字母符号按拉丁字母顺序将各元件电气设备、装置和元器件划分成为二十三大类，每一大类用一个专用单字母符号表示，例如，C 表示电容器类、R 表示电阻器类等。双字母符号由一个表示种类的单字母符号与另一个字母组成，且以单字母符号在前，另一字母在后的次序列出，例如，F 表示保护器类、FU 则表示熔断器、FR 表示具有延时动作的限流保护器等。

（2）辅助文字符号是用于表示电气设备、装置和元器件及电路的功能、状态和特征的符号，如 RD 表示红色、SYN 表示限制等。辅助文字符号也可以放在表示种类的单字母后边组成双字母符号，如 SP 表示压力传感器、YB 表示电磁制动器等。为简化文字符号，若辅助文字符号由两个以上字母组成时，允许只采用其第一位字母进行组合，如 MS 表示同步电动机。辅助文字符号还可以单独使用，如 ON 表示接通、PE 表示接地、N 表示中间线等。

（3）补充文字符号的原则。当规定的基本文字符号和辅助文字符号不够使用时，可按国家标准中文字符号组成规律和下述原则予以补充。

①在不违背国家标准文字符号编制的条件下，可采用国际标准中规定的电气技术文字符号。

②在优先采用基本和辅助文字符号的前提下，可补充未列出的双字母文字符号和辅助文字符号。

③文字符号应按电气名词术语国家标准或专业技术标准中规定的英文术语缩写而成。基本文字符号不得超过两位字母，辅助文字符号一般不超过 3 位字母。

④文字符号采用拉丁字母大写正体字。

⑤因拉丁字母中大写正体字母 I 和 O 易同阿拉伯数字 1 和 0 混淆，因此不允许单独作为文字符号使用。

3. 电路各接点标记

（1）三相交流电源引入线采用 L1、L2、L3 标记。

（2）电源开关之后的三相交流电源主电路分别按 U、V、W 顺序标记。

（3）分级三相交流电源主电路采用在三相文字代号 U、V、W 的前边加上阿拉伯数字 1、2、3 等来标记，如 1U、1V、1W；2U、2V、2W 等。

（4）各电动机分支电路各接点标记采用在三相文字代号后面加数字来表示，数字中的个位数表示电动机代号，十位数字表示该支路各接点的代号，U21 为第一相的第二个接点代号，以此类推。

（5）电动机绕组首端分别用 U、V、W 标记，尾端分别用 U′、V′、W′ 标记，双绕组的中点则用 1U、1V、1W 标记。

（6）控制电路采用阿拉伯数字编号，一般由 3 位或 3 位以下的数字组成，标注方法按等电位原则进行。在垂直绘制的电路中，标号顺序一般由上而下编号，凡是被线圈、绕组、触点或电阻、电容等元件所间隔的线段，都应标以不同的电路标号。

2.2 电气控制电路的绘制

电气控制电路的表示方法有两种，一种是原理图，另一种是安装图。由于它们的用途不同，绘制原则也有所差别。这里重点介绍电气原理图。

电气原理图为了便于阅读和分析控制电路，采用简明、清晰、易懂的原则，根据电气控制电路的工作原理绘制。图中包括所有电气元件的导电部分和接线端子，但并不按照电气元件的实际布置来绘制。下面是说明绘制电气原理图的基本规则和注意事项。

1. 电气原理图绘制的基本规则

（1）电气控制电路原理图按所规定的图形符号、文字符号和回路标号进行绘制。

原理图中，所有电动机、电气元件等都应采用国家统一规定的图形符号和文字符号来表示。属于同一电器的线圈和触点，都要用同一文字符号表示。当使用相同类型电器时，可在文字符号后加注阿拉伯数字序号来区分。

（2）原理图分为主电路和辅助电路两部分：主电路就是从电源到电动机绕组的大电流通过的路径。辅助电路包括控制回路、照明电路、信号电路及保护电路等，由继电器的线圈和触点、接触器的线圈和触点、按钮、照明灯、信号灯、控制变压器等电气元件组成。

一般主电路用粗实线表示，画在左边（或上部）；辅助电路用细实线表示，画在右边（或下部）。动力电路的电源电路一般绘成水平线；受电的动力装置电动机主电路用垂直线绘制在图面的左侧，控制电路用垂直线绘制在图面的右侧，主电路与控制电路一般应分开绘制。各电气元件采用平行展开画法，但同一电器的各元件采用同一文字符号标明。

（3）原理图中所有电器触点都按没有通电或没有外力作用时的开闭状态画出。例如，继电器、接触器的触点，按线圈未通电时的状态画；按钮、行程开关的触点按不受外力作用时的状态画；控制器按手柄处于零位时的状态画等。

所有电气元件的图形符号，均按电器未接通电源和没有受外力作用时的状态绘制。促使触点动作的外力方向必须是当图形垂直放置时为从左向右，即在垂线左侧的触点为常开触点，在垂线右侧的触点为常闭触点；当图形水平放置时为从上向下，即在水平线下方的触点为常开触点，在水平线上方的触点为常闭触点。

（4）原理图中，各电气元件的导电部件（如线圈和触点的位置）应根据便于阅读和分析的原则来安排，绘制在它们完成作用的地方。同一电气元件的各个部件可以不画在一起。

（5）在原理图中，有直接电联系的交叉导线的连接点，要用黑圆点表示；无直接电联系的交叉导线，交叉处不能画黑圆点。

（6）在原理图中，具有循环运动的机械设备应在电气控制电路原理图上绘出工作循环图，转换开关、行程开关等应绘出动作程序及动作位置示意图表。

（7）由若干元件组成的、具有特定功能的环节，可用虚线框括起来，并标注出环节的主要作用，如速度调节器、电流继电器等。

对于电路和元件完全相同并重复出现的环节，可以只绘出其中一个环节的完整电路，其余相同环节可用虚线方框表示，并标明该环节的文字符号或环节的名称。该环节与其他环节之间的连线可在虚线方框外面绘出。

（8）电气控制电路原理图的全部电动机、电气元件的型号、文字符号、用途、数量、额定技术数据，均应填写在元件明细表内。

2. 图面区域的划分

图面分区时，竖边从上到下用拉丁字母、横边从左到右用阿拉伯数字分别编号，分区代号用该区域的字母和数字表示，如B3、C5。

3. 符号位置的索引

在较复杂的电气原理图中，对于继电器、接触器线圈，在文字符号下方要标注其触点位置的索引，在触点文字符号下方标注其线圈位置的索引。接触器和继电器线圈与触点的从属关系，应用附图表示，即在原理图中相应线圈的下方，给出触点的图形符号，并在其下面注明相应的索引代号。有时也可以采用省去触点图形符号的表示法。符号位置的索引，用部件代号、页次和图区编号的组合索引法标注，索引代号的组成如图 2-1 所示。

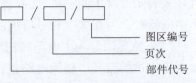

图 2-1　索引代号的组成

4. 电气原理图中技术数据的标注

电气元件的技术数据除在电气元件明细表中标明外，有时也可用小号字体注在其图形符号的旁边。

2.3　数控机床电气原理图

电气原理图包含各种导线的标号及规格、电动机功率、接触器的触点和线圈、继电器的触点、断路器、熔断器等。各电气元件一般均标明了规格及参数。

　计划决策

工作准备

（1）计算机、CAXA 软件。

（2）某数控机床伺服电路，如图 2-2～图 2-5 所示。

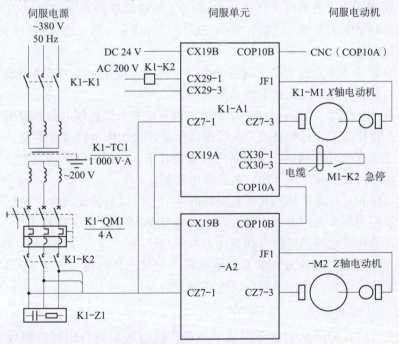

图 2-2　某数控机床伺服电路

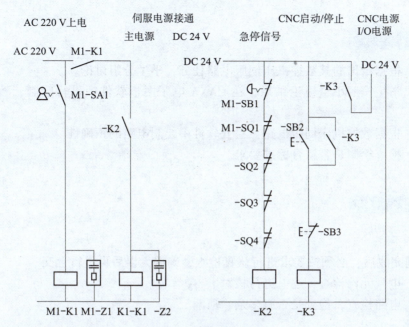

图 2-3　强电控制电路

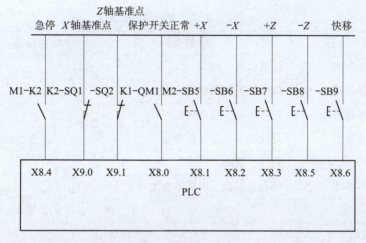

图 2-4　PLC 输入电路

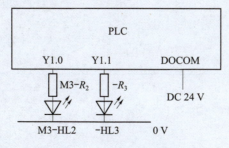

图 2-5　PLC 输出电路

任务实施

（1）根据给出的某数控机床伺服电路任务，学生分组讨论。

（2）学生按照小组讨论结果，在 CAXA 电子图板软件中进行绘制，教师巡视指导。

（3）根据数控机床伺服电路，检查软件中绘制电路的正确性。

（4）检查绘制是否符合标准要求。

 检查评估

1. 自检

绘制完成后，必须按要求进行认真检查，确保无误后再进行上交。

（1）电气元件检查，逐一进行核对。

（2）电路检查，检查是否有多余、遗漏。

2. 检查评估

工作质量检测检查内容如表 2-1 所示。

表 2-1　工作质量检测检查表

序号	检查项目	检查标准	学生自检	教师检查
1	教师提问	回答认真、标准		
2	软件使用	能够正确使用软件绘图		
3	图形符号	选用准确、绘制规范		
4	文字符号	标注准确、位置合理		
5	布局	简明、清晰		
6	电路整体	不存在漏画、多画等现象		
检查评价	班级		第　　组	组长签字	
	教师签字		日期		
	评语：				

任务二 某数控机床电气原理图分析

 任务描述

以某数控机床为例，分析数控机床电气控制电路的控制原理。

 任务目标

※知识目标

（1）掌握数控机床电气控制的逻辑表示方法。

（2）掌握数控机床电气控制电路的基本规律。

（3）了解数控机床电气控制电路的控制原理。

※技能目标

（1）能够正确厘清数控机床电气控制的逻辑表示方法。

（2）能够熟练进行数控机床电气控制电路的分析。

※素养目标

（1）培养学生细致、规范的工作作风与迎难而上、敢于突破的奋斗精神。

（2）培养学生的规矩意识与职业道德，激发学生树立高远目标，培育家国情怀，为推进新型工业化，以及加快建设制造强国、质量强国、航天强国、交通强国、网络强国、数字中国努力奋斗。

 任务分析

本任务以某数控机床为例，参照其电气原理图进行实操连接。要求学生能够正确厘清数控机床电气控制的逻辑表示方法；能够熟练进行数控机床电气控制电路的分析。

 知识准备

2.4 数控机床电气控制的逻辑表示

2.4.1 机床电气的逻辑表示

逻辑变量通常只有1、0两种取值，表示两种相反的逻辑状态，如开关、线圈元件触点的开关状态及线圈的通断电状态。通常1表示线圈通电、开关闭合状态；0则相反。此外，也有使用"真""假"和字母表示逻辑状态的。

2.4.2 逻辑运算法则

1. 逻辑与电路

如图 2-6 所示，触点串联实现逻辑与运算，逻辑与运算相当于算术运算中的乘运算，用符号"·"表示，图 2-6 中的电路可用逻辑表达式表示为

$$KM = KA1 \cdot KA2$$

2. 逻辑或电路

如图 2-7 所示，触点并联实现逻辑或运算，逻辑或运算相当于算术运算中的加运算，用符号"+"表示，图 2-7 中的电路可用逻辑表达式表示为

$$KM = KA1 + KA2$$

3. 逻辑非电路

如图 2-8 所示，触点连接实现逻辑非运算。逻辑非用符号"—"表示，图 2-8 中的电路可用逻辑表达式表示为

$$KM = \overline{KA}$$

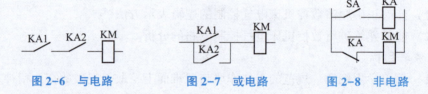

图 2-6　与电路　　　　图 2-7　或电路　　　　图 2-8　非电路

4. 逻辑代数的基本公式

下面是逻辑代数中的一些基本公式。

0 定则	$0 + A = A$	$0 \cdot A = 0$
1 定则	$1 + A = 1$	$1 \cdot A = 1$
互补定律	$A + \overline{A} = 1$	$A \cdot \overline{A} = 0$
同一定律	$A + A = A$	$A \cdot A = A$
反转定律	$\overline{\overline{A}} = A$	
交换律	$A + B = B + A$	$A \cdot B = B \cdot A$
结合律	$(A + B) + C = A + (B + C)$	$(A \cdot B) \cdot C = A \cdot (B \cdot C)$
分配律	$A \cdot (B + C) = A \cdot B + A \cdot C$	$A + B \cdot C = (A + B) \cdot (A + C)$
反演律(摩根定理)	$\overline{A + B} = \overline{A} \cdot \overline{B}$	$\overline{A \cdot B} = \overline{A} + \overline{B}$

2.5　数控机床电气控制电路的基本规律

2.5.1 自锁控制

自锁控制

图 2-9 所示为三相异步电动机单向全压启动、停止控制电路，主电路由断路器 QF、接触器 KM 主触点、电动机构成。控制回路由停止按钮

SB1、启动按钮 SB2、接触器 KM 线圈和接触器 KM 线圈辅助常开触点组成。启动时，合上 QF，按下 SB2，则 KM 线圈通电，KM 主触点和辅助常开触点闭合，当松开 SB2 后，由于 KM 线圈自身的辅助常开触点保持通电，这种状态称为自锁。当按下停止按钮 SB1 时，KM 线圈断电释放，KM 主触点和辅助常开触点断开，控制回路解除自锁，电动机停止转动，松开 SB1 后控制回路也不能自行启动。

逻辑表达式为

$$KM = (KM + SB2) \cdot \overline{SB1} \tag{2-1}$$

按下启动按钮 SB2，此时 SB2 为 1，代入式（2-1）中，有 $KM = (KM+1) \cdot \overline{SB1} = \overline{SB1} = \overline{0} = 1$，即 KM 吸合，此时 $KM = (1+SB2) \cdot \overline{SB1} = \overline{SB1}$，与 SB2 无关。接触器 KM 的辅助常开触点与启动按钮 SB2 并联，起到自锁作用。若按下停止按钮 SB1，代入式（2-1）中，则 $KM = \overline{SB1} = \overline{1} = 0$，即 KM 线圈断电。

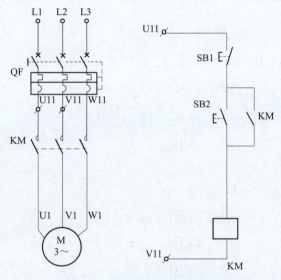

图 2-9　自锁（KM）控制电路

互锁控制

2.5.2　互锁控制

生产中常需要电动机能实现正反两个方向的转动，如数控机床主轴的正反转。由三相异步电动机的原理可知，只要将电动机接到三相电源中的任意两根连线对调，即可使电动机反转。

如图 2-10 所示，启动按钮 SB2、SB3 使用复合按钮，复合按钮的常闭触点用来断开转向相反的接触器线圈的通电回路，两个接触器的常闭触点 KM1、KM2 起互锁作用，即当一个接触器通电时，其常闭触点断开，使另一个接触线圈不能通电。

图 2-10 中逻辑关系表达式为

$$KM1 = \overline{KM2} \cdot (KM1 + SB2) \cdot \overline{SB3} \cdot \overline{SB1} \tag{2-2}$$

$$KM2 = \overline{KM1} \cdot (KM2 + SB3) \cdot \overline{SB2} \cdot \overline{SB1} \tag{2-3}$$

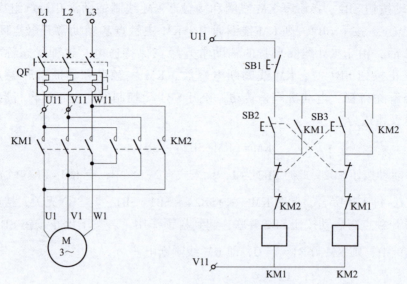

图 2-10 互锁（KM）控制电路

当按下启动按钮 SB2 时，SB2 为 1，代入式（2-2）中，有

$$KM1 = \overline{KM2} \cdot (KM1+1) \cdot \overline{SB3} \cdot \overline{SB1}$$
$$= \overline{KM2} \cdot \overline{SB3} \cdot \overline{SB1}$$
$$= \overline{KM2} \cdot \overline{0} \cdot \overline{0} \tag{2-4}$$
$$= \overline{KM2}$$

将 SB2 为 1 代入式（2-3）中，有

$$KM2 = \overline{KM1} \cdot (KM2+SB3) \cdot \overline{1} \cdot \overline{SB1}$$
$$= \overline{KM1} \cdot (KM2+SB3) \cdot 0 \cdot \overline{SB1}$$
$$= \overline{KM1} \cdot 0 \tag{2-5}$$
$$= 0$$

此时由式（2-4）可知，$KM1 = \overline{KM2} = \overline{0} = 1$，即 KM1 吸合。

当按下启动按钮 SB3 时，SB3 为 1，代入式（2-3）中，有

$$KM2 = \overline{KM1} \cdot (KM2+1) \cdot \overline{SB2} \cdot \overline{SB1}$$
$$= \overline{KM1} \cdot \overline{SB2} \cdot \overline{SB1}$$
$$= \overline{KM1} \cdot \overline{0} \cdot \overline{0} \tag{2-6}$$
$$= \overline{KM1}$$

将 SB3 为 1 代入式（2-2）中，有

$$KM1 = \overline{KM2} \cdot (KM1+SB2) \cdot \overline{1} \cdot \overline{SB1}$$
$$= \overline{KM2} \cdot (KM1+SB2) \cdot 0 \cdot \overline{SB1} \tag{2-7}$$
$$= \overline{KM2} \cdot 0$$
$$= 0$$

此时由式（2-6）可知，KM2 = $\overline{\overline{KM1}}$ = $\overline{0}$ = 1，即 KM2 吸合。

由式（2-4）和式（2-6）两式可知，KM1 和 KM2 是互锁的，KM1 和 KM2 不能同时通电吸合。

当按下停止按钮 SB1 时，SB1 为 1，分别代入式（2-2）和式（2-3）中，有

$$KM1 = \overline{KM2} \cdot (KM1+SB2) \cdot \overline{SB3} \cdot \overline{SB1}$$
$$= \overline{KM2} \cdot (KM1+SB2) \cdot \overline{SB3} \cdot \overline{1}$$
$$= 0$$
$$KM2 = \overline{KM1} \cdot (KM2+SB3) \cdot \overline{SB2} \cdot \overline{SB1}$$
$$= \overline{KM1} \cdot (KM2+SB3) \cdot \overline{SB2} \cdot \overline{1}$$
$$= 0$$

即 KM1 和 KM2 断电。

2.5.3 实现按顺序工作的联锁控制

生产实践中经常要求各种运动部件之间能够实现按顺序工作。例如，车床主轴转动时要求油泵先给齿轮箱供油润滑，即要求保证润滑泵电动机启动后主电动机才允许启动。如图 2-11 所示，将油泵电动机接触器 KM1 常开触点串入主电动机接触器 KM2 的线圈电路中实现这一联锁。图 2-11 中的 SB2、SB4 分别为油泵电动机的启动、停止按钮，SB3、SB5 分别为主轴电动机的启动、停止按钮。

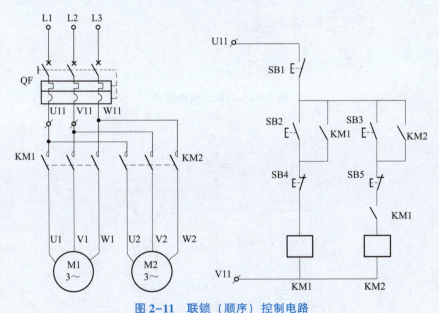

图 2-11 联锁（顺序）控制电路

图 2-11 中的逻辑关系表达式为

$$KM1 = (KM1+SB2) \cdot \overline{SB4} \cdot \overline{SB1} \tag{2-8}$$
$$KM2 = KM1 \cdot (KM2+SB3) \cdot \overline{SB5} \cdot \overline{SB1} \tag{2-9}$$

当按下油泵启动按钮 SB2 时，SB2 为 1，代入式（2-8）中，有

$$KM1 = (KM1+1) \cdot \overline{SB4} \cdot \overline{SB1}$$

$$= \overline{SB4} \cdot \overline{SB1} = \overline{0} \cdot \overline{0} = 1$$

即 KM1 吸合，并自锁。而当按下油泵停止按钮 SB4 时，SB4 为 1，代入式 (2-8) 中，有

$$KM1 = (KM1+SB2) \cdot \overline{SB4} \cdot \overline{SB1}$$

$$= (KM1+SB2) \cdot \overline{1} \cdot \overline{SB1} = 0$$

即 KM1 断电。当按下主轴启动按钮 SB3 时，SB3 为 1，代入式 (2-9) 中，有

$$KM2 = KM1 \cdot (KM2+SB3) \cdot \overline{SB5} \cdot \overline{SB1} \tag{2-10}$$

$$= KM1 \cdot 1 \cdot \overline{0} \cdot \overline{0} = KM1$$

由式 (2-10) 可知，当 KM1 未吸合即断电时，KM2 = KM1 = 0，则 KM2 不能吸合，只有当 KM1 吸合后，KM2 才能吸合，从而实现顺序控制。KM2 启动后，按下 SB5 停止按钮，则 KM2 断电。

当按下停止按钮 SB1 时，则 KM1 = 0，KM2 = 0，即 KM1、KM2 均断电。

2.5.4 自动循环

为了降低成本、提高劳动生产率，要进行自动化生产。例如，车床车削螺纹通过行程开关使刀架自动进行进刀、进给、退刀和返回等操作，图 2-12 所示为刀架的自动循环，要求刀架移动到位置 2 后退刀，然后自动退回位置 1。图 2-13 所示为刀架的自动循环控制电路，SQ1、SQ2 分别为位置 1、位置 2 的处行程开关。

图 2-12 刀架的自动循环

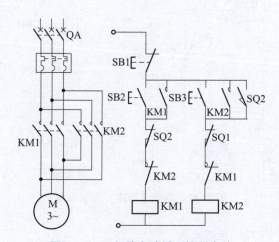

图 2-13 刀架的自动循环控制电路

其逻辑关系式为

$$KM1 = \overline{KM2} \cdot (KM1+SB2) \cdot \overline{SQ2} \cdot \overline{SB1} \tag{2-11}$$

$$KM2 = \overline{KM1} \cdot (KM2+SB3+SQ2) \cdot \overline{SQ1} \cdot \overline{SB1} \qquad (2\text{-}12)$$

当刀架在位置 1 时，SQ1 被压下，即 SQ1 为 1，此时按下启动按钮 SB2，SB2 为 1，代入式 (2-11) 中，则有

$$
\begin{aligned}
KM1 &= \overline{KM2} \cdot (KM1+SB2) \cdot \overline{SQ2} \cdot \overline{SB1} \\
&= \overline{KM2} \cdot 1 \cdot \overline{0} \cdot \overline{0} \\
&= \overline{KM2}
\end{aligned}
\qquad (2\text{-}13)
$$

此时由式 (2-12) 可知

$$KM2 = KM1 \cdot (KM2+\overline{0}+\overline{0}) \cdot 0 \cdot 1 = 0$$

即 KM2 断电，由式 (2-13) 可知，KM1 = $\overline{KM2}$ = $\overline{0}$ = 1，即 KM1 吸合，刀架向位置 2 运动，SQ1 松开，即 SQ1 为 0，当刀架运动到位置 2 时，SQ2 被压下，此时 SQ2 为 1，代入式 (2-11) 中，则有

$$KM1 = \overline{KM2} \cdot (KM1+SB2) \cdot \overline{1} \cdot \overline{SB1} = 0$$

即 KM1 断电，此时由式 (2-12) 可知

$$KM2 = \overline{KM1} \cdot (KM2+SB3+1) \cdot \overline{SQ1} \cdot \overline{SB1} = \overline{0} \cdot 1 \cdot \overline{0} \cdot \overline{0} = 1$$

即 KM2 吸合，刀架后退，SQ2 松开，即 SQ2 为 0。当退到位置 1 时，此时刀架压下行程开关 SQ1，SQ1 为 1，代入式 (2-12) 中，则有

$$KM2 = 0$$

即 KM2 断电，刀架停止运动，从而实现循环控制。

2.5.5　数控机床电气控制电路应用示例

图 2-14、图 2-15、图 2-16 所示为某数控车床的部分电气原理图。

图 2-14 所示为机床的动力线路，图 2-14 中交流接触器 KM1 和 KM2 用来控制主轴电动机 M1 的正反转，断路器 QF2 作为主轴电动机的过载及短路保护；交流接触器 KM4 和 KM5 用来控制刀架电动机 M3 的正反转，断路器 QF3 作为冷却电动机的过载及短路保护；交流接触器 KM3 用来控制冷却电动机 M2 的启动和停止，断路器 QF4 作为刀架电动机的过载及短路保护；灭弧器 RC1～RC3 用来保护交流接触器主触点，防止当主触点断开时，在动、静触点间产生强烈电弧，烧坏主触点；断路器 QF1 用来对整个动力电路进行过载及短路保护。

图 2-15 所示为机床的交流控制电路，图 2-15 中交流接触器 KM1 线圈和 KM2 一对常闭辅助触点串接，交流接触器 KM2 线圈和 KM1 一对常闭辅助触点串接，从而实现主轴电动机正反向接触器间的互锁控制；交流接触器 KM4 线圈和 KM5 一对常闭辅助触点串接，交流接触器 KM5 线圈和 KM4 一对常闭辅助触点串接，从而实现刀架电动机正反向接触器间的互锁控制；交流接触器 KM3 线圈用来控制 KM3 的主触点吸合；继电器 KA2～KA6 触点由可编程控制器（programmable logical controller，PLC）或数控装置 I/O 接口控制，用来控制交流接触器 KM1～KM5 的线圈得电或断电。

图 2-16 所示为机床的电源电路，图 2-16 中变压器 TC1 原边接三相 AC 380 V，副边三组绕组分别提供 AC 220 V、AC 24 V、AC 80 V 电压，AC 220 V 电源给开关电源 VC1 和 VC2 供电，AC 24 V 电源给工作灯 EL 供电，AC 80 V 电源给电柜风扇 M4 和 M5 供电，熔断器 FU1～FU3 用来对电路进行过载及短路保护。

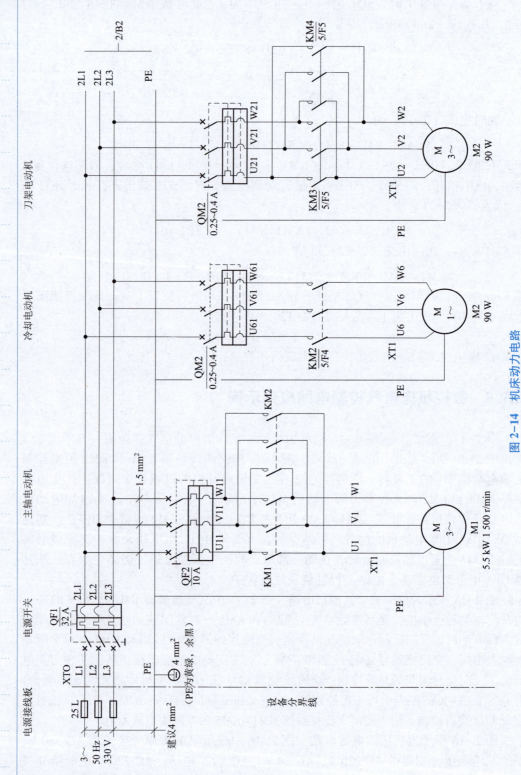

图 2-14 机床动力电路

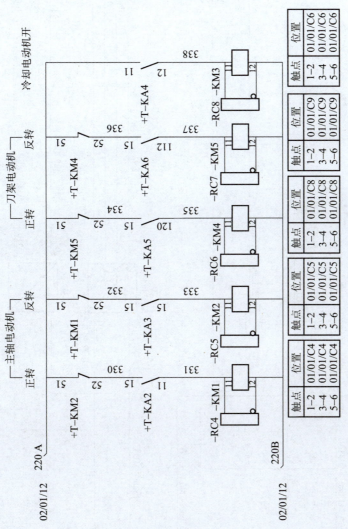

图 2-15　机床交流控制电路

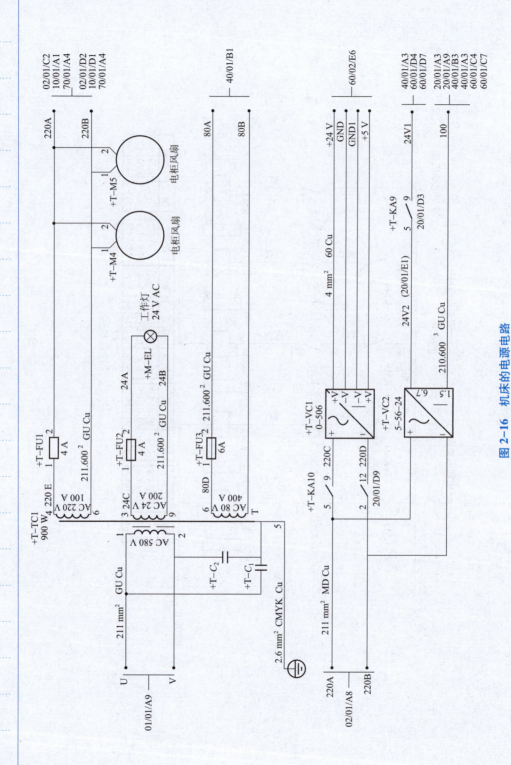

图 2-16　机床的电源电路

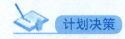

计划决策

工作准备

（1）工具：测电笔、十字螺丝刀、一字螺丝刀、电工钳等。

（2）仪表：万用表一只。

（3）导线规格：紧固体及编码套管等。

（4）器材：数控维修实训平台。

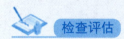**任务实施**

（1）根据给出的某数控机床伺服电路任务，学生分组讨论。

（2）小组成员检查电气元件是否完好，参照图 2-2～图 2-5 进行接线。

（3）电气元件排列要整齐、匀称、间距合理，且便于电气元件的更换；紧固电气元件时用力要均匀，紧固程度适当，做到既要使电气元件安装牢固，又不使其损坏。

（4）按接线图进行板前明线布线和套编码套管，做到布线横平竖直、整齐、分布均匀、紧贴安装面、走线合理；套编码套管要正确；严禁损伤线心和导线绝缘；接点牢靠，不得松动，不得压绝缘层，不反圈及不露铜过长等。

（5）根据电路图检查控制板布线的正确性。

（6）连接电源、电动机等控制板外部的导线。导线要敷设在导线通道内，并采用绝缘良好的橡皮线进行通电校验。

检查评估

1. 自检

安装完毕，必须按要求进行认真检查，经教师确认无误后才允许通电试车。

（1）主电路接线检查。按电路图或接线图从电源端开始，逐段核对接线有无漏接、错接之处，检查导线接点是否符合要求、压接是否牢固，以免带负载运行时产生闪弧现象。

（2）控制电路接线检查。用万用表电阻挡检查控制电路接线情况。

2. 交验合格后，通电试车

出现故障后，学生应独立进行检修。当需带电检查时，必须有教师在现场监护。通电时，必须经指导教师同意后再接通电源，并需要教师在现场进行监护。

依次合上断路器，接通钥匙开关 M1-SA1，按下启动按钮。可手动操作方向按钮 M2-SB5 等，观察电动机或拖板移动的方向。可通过控制按钮 M2-SB5 或 M2-SB7 观察电动机或拖板运行情况，查看基准点灯是否亮。可按下紧停按钮 M1-SB1，观察报警灯状态。此时按下方向键，观察电动机是否运行。

3. 通电试车完毕，停转、切断电源

先拆除三相电源线，再拆除电动机负载线。

4. 检查评估

工作质量检测检查内容如表 2-2 所示。

表 2-2　工作质量检测检查表

序号	检查项目	检查标准	学生自检	教师检查
1	教师提问	回答认真、标准		
2	布局和结构	布局合理、结构紧凑、控制方便、美观大方		
3	元器件的排序和固定	排列整齐，元器件安装可靠、牢固		
4	布线	横平竖直，转弯成直角，少交叉；多根导线并拢平行走		
5	接线	接线正确、牢固，敷线平直整齐，无漏铜、反圈、压胶，绝缘性能好，外形美观		
6	整个电路	没有接出多余线头，每条线按要求接，每条线都没有接错		
7	元器件安装	元器件安装正确		
8	电路是否可以正常工作	开关、插座、白炽灯、日光灯、电度表都正常工作		
9	会用仪表检查电路	会用万用表检查照明电路和元器件的安装是否正确		
10	故障排除	能够排除照明电路的常见故障		
11	工具的使用和原材料的用量	工具使用合理、准确、摆放整齐，用后归放原位；节约使用原材料，不浪费		
12	安全用电	注意安全用电，不带电作业		
检查评价	班级		第　　组	组长签字
	教师签字		日期	
	评语：			

课后习题与答案

习 题

一、填空题

1. 在电路结点标记中，三相交流电源引入线采用_____、_____、L3 标记。

2. 电动机点动和连续控制的区别主要是控制电路中是否有_____功能。

3. 电气控制系统图包括_____图、_____图、电气布局图等。

4. 电气控制系统图中的图形符号含有_____、_____和限定符号。

5. 机床电气控制的基本逻辑运算有_____运算、_____运算、非运算。

6. 机床中常用的电气制动有_____和_____。

7. 将额定电压直接加到电动机的定子绕组上，使电动机启动运转，称为_____启动或_____启动。

8. 三相异步电动机降压启动方法有_____、_____、使用自耦变压器和延边三角形降压启动。

9. 实现多地控制一台电动机启动，停机时，应把启动按钮_____连接，停机按钮应_____连接。

10. 通常电动机容量不超过电源变压器容量的_____，或电动机容量较小时，都允许_____启动。

11. 使用三相交流异步电动机正反转只要将电动机的三相电源任意_____。

12. 电气控制电路的表示方法包括_____、_____两种。

13. 电气原理图一般分为_____电路和_____电路两部分。

14. 自锁是指在控制电路中利用接触器的_____触点_____在控制自身的线圈按钮上，以保证线圈始终得电。

15. 在正反转控制电路中，互锁的方法有接触器互锁、_____、_____3 种。

16. 机床电气的逻辑表示中"1"表示线圈_____、开关闭合状态；"0"表示线圈_____、开关断开状态。

17. 电气控制系统图中文字符号含有_____、_____。

18. 在电气原理图中要素包括_____、_____、回路标号、文字标识和符号标识。

19. 在电气原理图中出现的 PE 表示_____，N 表示_____。

20. 在电气原理图中动力电路的电源线一般绘制成_____。

二、判断题

1. （　　）能耗制动控制电路是指异步电动机改变定子绕组上三相电源的相序，使定子产生反向旋转磁场作用于转子而产生制动力矩。

2. （　　） 三相笼型异步电动机的电气控制电路，如果使用热继电器作过载保护，就不必再装设熔断器作短路保护。

3. （　　） 现有 4 个按钮，欲使它们都能控制接触器 KM 通电，则它们的动合触点应串联接到 KM 的线圈电路中。

4. （　　） 一台额定电压为 220 V 的交流接触器在交流 220 V 和直流 220 V 的电源上均可使用。

5. （　　） 异步电动机 Y−△ 降压启动过程中，定子绕组的自动切换由时间继电器延时动作来控制。这种控制方式被称为按时间原则的控制。

6. （　　） 当电源变压器容量越大，电动机容量也越大时，应采用降压启动控制。

7. （　　） 三相交流电源线各接点标记统一用 U、V、W 来表示。

8. （　　） 图形垂直处置时，在垂直左侧的触点为常开触点；图形水平处置时，在水平线下方的触点为常闭触点。

9. （　　） 电动机连续运转控制与点动控制电路的区别在于自锁环节。

10. （　　） 自锁环节是指在控制电路中利用接触器的辅助常开触点串联在控制自身的线圈按钮上，以保证线圈始终得电。

11. （　　） 正反转控制电路中的互锁是为了防止主电路的短路故障。

12. （　　） 电气原理图中的文字符号采用拉丁字母大写正体字。

13. （　　） 电气原理图中主电路用细实线表示，辅助电路用粗实线表示。

14. （　　） 自动循环控制电路中起到自动作用的电气元件是行程开关。

三、选择题

1. 电动机在无负载或轻载的情况下，若采用全压启动，其容量一般不超过电源变压器容量的（　　）。

A. 5%~10%　　　　B. 10%~15%　　　　C. 15%~20%　　　　D. 20%~30%

2. 电气图形符号含有（　　）、一般符号和限定符号。

A. 符号要素　　　　B. 辅助符号　　　　C. 文字符号

3. 动力电路的电源电路一般绘制成（　　）。

A. 水平线　　　　B. 竖直线　　　　C. 倾斜线

4. 将额定电压直接加到电动机的定子绕组上，使电动机启动旋转，称为直接启动或（　　）。

A. 间接启动　　　　B. 全压启动　　　　C. 零压启动

5. 在控制电路实现自锁，可将接触器的（　　）。

A. 动合辅助触点启动按钮串联　　　　B. 动断辅助触点启动按钮串联
C. 动断辅助触点启动按钮并联　　　　D. 动合辅助触点启动按钮并联

6. 表示电路中各个电气元件连接关系和电气工作原理的图称为（　　）。

A. 电路图　　　　B. 电气互联图　　　　C. 系统图　　　　D. 电气安装图

7. 在电气图中，断路器有时可用符号（　　）表示。

A. K　　　　　　B. D　　　　　　C. L　　　　　　D. DL

8. 不属于笼型异步电动机降压启动方法的是（　　）启动。

A. 自耦变压器降压　　　　　　　　C. 延边三角形

B．Y－△换接　　　　　　　　　　D．在转子电路中串联变阻器

9．在电动机的连续运转控制中，其控制关键是（　　）。

A．自锁触点　　B．互锁触点　　C．复合按钮　　D．机械联锁

10．Y－△降压启动可使启动电流减少到直接启动时的（　　）。

A．1/2　　　　B．1/3　　　　C．1/4　　　　D．$1/\sqrt{3}$

11．一台三相异步电动机，其铭牌上标明额定电压为 220 V/380 V，其接法应是（　　）。

A．Y－△　　　　B．△－Y　　　　C．△－△　　　　D．Y－Y

12．在三相笼型电动机的正反转控制电路中，为了避免主电路的电源两相短路采取的措施是（　　）。

A．自锁　　　　B．互锁　　　　C．接触器　　　　D．热继电器

13．三相电动机在制动时，采用能耗制动，方法是（　　）。

A．反接相线，反接三相电源直到电动机停车

B．反接相线，加入直流电源直到电动机停车

C．切断电源，在定子绕组加入单相电源到停车，然后断电

D．切断电源，在定子绕组加入直流电源，然后转子转速要到零时断开直流电源

14．对直流电动机进行制动的所有方法中，最经济的制动方法是（　　）。

A．机械制动　　B．能耗制动　　C．反接制动　　D．回馈制动

15．在电动机的连续运转控制中，其控制关键是（　　）的应用。

A．自锁触点　　B．互锁触点　　C．复合按钮　　D．机械联锁

16．在三相笼型电动机的反接制动控制电路中，为了避免电动机反转，需要用到（　　）。

A．制动电阻　　B．中间继电器　　C．直流电源　　D．速度继电器

17．电气原理图中主电路画在（　　），辅助电路画在（　　）。

A．左边　右边　　　　　　　　　　B．前边　后边

C．右边　左边　　　　　　　　　　D．后边　前边

18．逻辑与电路表示各触点的连接关系是（　　）连接。

A．并联　　　　B．串联　　　　C．混联

19．逻辑或电路表示各触点的连接关系是（　　）连接。

A．并联　　　　B．串联　　　　C．混联

20．各电动机分支电路的接点标记 U21 中的 2 表示（　　）。

A．电动机代号　　　　　　　　　　B．该支路代号

C．该支路各节点代号　　　　　　　D．电动机的连接代号

21．各电动机分支电路的接点标记 W12 中的 2 表示（　　）。

A．电动机代号　　　　　　　　　　B．该支路代号

C．该支路各节点代号　　　　　　　D．电动机的连接代号

四、简答题与绘图题

1．电动机点动控制与连续运转控制电路的关键环节是什么？

2．在电动机主电路上既然装有熔断器，为什么还要装有热继电器？它们各有什么作用？

3. 在正反转控制电路中，正反转接触器为什么要进行互锁控制？互锁控制的方法有哪些？

4. 画出按钮和接触器双重互锁的正反转控制电路。

5. 画出两台电动机的顺序启动主电路和控制电路。

6. 画出三相交流异步电动机 Y-△降压启动的主电路和控制电路。

7. 画出三相交流异步电动机既能点动又能启动后连续旋转的控制电路。

8. 根据某数控机床部分电气控制图（图 2-17）写出电气控制逻辑表达式。

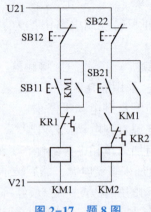

图 2-17 题 8 图

9. 根据某数控机床部分电气控制图（图 2-18）写出电气控制逻辑表达式。

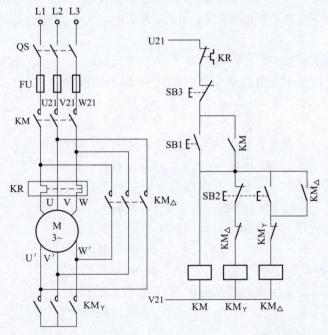

图 2-18 题 9 图

10. 根据某数控机床部分电气控制图（图 2-19）写出电气控制逻辑表达式。

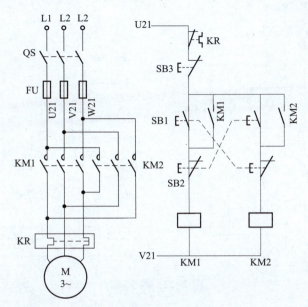

图 2-19 题 10 图

11. 请分析图 2-20 所示的三相笼型异步电动机的正反转控制电路。

（1）指出图 2-20 所示的电路中各电气元件的作用。

（2）根据电路的控制原理，找出主电路中的错误，并改正（用文字说明）。

（3）根据电路的控制原理，找出控制电路中的错误，并改正（用文字说明）。

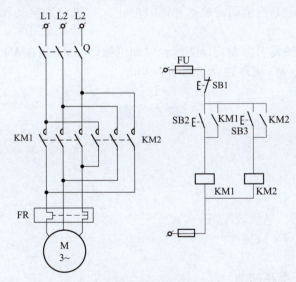

图 2-20 题 11 图

12. 请分析图 2-21 所示三相笼型异步电动机的 Y-△降压启动控制电路。

（1）指出图 2-21 所示电路中各电气元件的作用。

（2）根据电路的控制原理，找出主电路中的错误，并改正（用文字说明）。

（3）根据电路的控制原理，找出控制电路中的错误，并改正（用文字说明）。

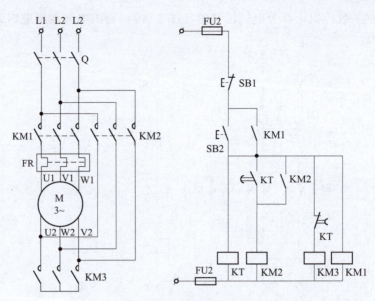

图 2-21　题 12 图

13. 一台三相异步电动机其启动和停止的要求是：当启动按钮被按下后，电动机立即得电直接启动，并持续运行工作；当停止按钮被按下后，需要等待 20 s 电动机才会停止运行。请设计满足上述要求的主电路与控制电路图（电路需具有必要的保护措施）。

14. 用继电接触器设计 3 台交流电动机相隔 3 s 顺序启动同时停止的控制电路。

15. 画出一台电动机启动后经过一段时间，另一台电动机就能自行启动的控制电路。

16. 画出 2 台电动机能同时启动和同时停止，并能分别启动和分别停止的控制电路原理图。

17. 某生产机械要求由 M1、M2 两台电动机拖动，M2 能在 M1 启动一段时间后自行启动，但 M1、M2 可单独控制启动和停止。

答　案

一、填空题

1. L1，L2

2. 自锁

3. 电气原理图，电气装配图

4. 一般符号，符号要素

5. 与，或

6. 反接制动，能耗制动

7. 直接，全压

8. Y-△连接，定子串电阻

9. 并联，串联

10. 15%~20%，直接

11. 两相互换

12. 电气原理图，电气安装图

13. 主，辅助

14. 辅助常开，串联

15. 按钮互锁，接触器和按钮双重互锁

16. 通电，断电

17. 基本文字符号，辅助文字符号

18. 文字符号，图形符号

19. 接地，中间线

20. 水平线

二、判断题

1. ×　2. ×　3. ×　4. ×　5. √　6. √　7. ×　8. ×　9. √　10. ×
11. √　12. √　13. ×　14. √

三、选择题

1. C　2. A　3. A　4. B　5. D　6. A　7. D　8. D　9. A　10. A
11. B　12. B　13. D　14. D　15. A　16. D　17. A　18. B　19. A
20. C　21. A

四、简答题与绘图题

1. 答案：电动机点动控制与连续运转控制电路的关键环节是自锁环节，自锁环节是指在控制电路中利用接触器的辅助常开触点并联在控制自身的线圈按钮上，以保证线圈始终得电。

2. 答案：由于热继电器的发热元件有热惯性，热继电器不会因电动机短时过载冲击电流和短路电流的影响而瞬时动作，因此在使用热继电器作过载保护的同时，还必须设有熔断器作短路保护。

3. 答案：从主电路看，如果正反转接触器同时通电动作，就会造成主电路短路。因此控制电路中把接触器的常闭辅助触点互相串联在对方的控制电路中进行互锁控制。互锁的方法有：接触器互锁、按钮互锁、接触器和按钮双重互锁 3 种。

4. 答案：按钮和接触器双重互锁的正反转控制电路如图 2-22 所示。

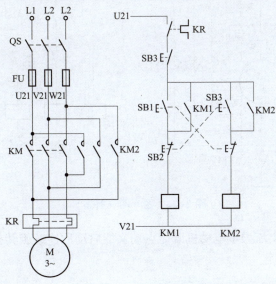

图 2-22　题 4 图（答案）

5. 答案：两台电动机的顺序启动主电路和控制电路如图 2-23 所示。

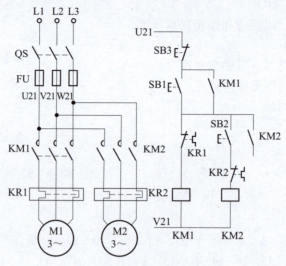

图 2-23　题 5 图（答案）

6. 答案：三相交流异步电动机 Y-△ 降压启动的主电路和控制电路如图 2-24 所示。

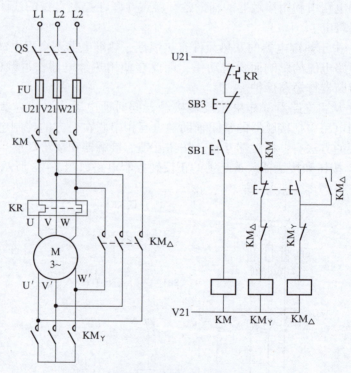

图 2-24　题 6 图（答案）

7. 答案：三相交流异步电动机既能点动又能启动后连续旋转控制电路如图 2-25 所示。

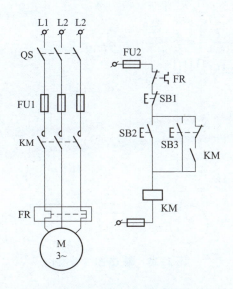

图 2-25　题 7 图（答案）

8. 答案：$KM1 = \overline{SB12} \cdot (SB11+KM1) \cdot \overline{KR1}$

　　　　$KM2 = \overline{SB22} \cdot (SB21+KM2) \cdot KM1 \cdot \overline{KR2}$

9. 答案：$KM = \overline{KR} \cdot \overline{SB3} \cdot (SB1+KM1)$

　　　　$KM_Y = \overline{KR} \cdot \overline{SB3} \cdot (SB1+KM1) \cdot \overline{SB2} \cdot \overline{KM_\triangle}$

　　　　$KM_\triangle = \overline{KR} \cdot \overline{SB3} \cdot (SB1+KM1) \cdot (SB2+KM_\triangle) \cdot \overline{KM_Y}$

10. 答案：$KM1 = \overline{KR} \cdot \overline{SB3} \cdot (SB1+KM1) \cdot \overline{SB2}$

　　　　$KM2 = \overline{KR} \cdot \overline{SB3} \cdot (SB2+KM1) \cdot \overline{SB1}$

11. 答案：（1）电路中各电气元件的作用。刀开关 Q——隔离电源，KM1——正转接触器，KM2——反转接触器，热继电器 FR——过载保护。

　　（2）主电路中没有短路保护——Q 与 KM1 之间需增设熔断器 FU；电动机不能反转（KM1 与 KM2 接通时电源相序相同）——KM2 与 FR 之间的连线任意调换两相。

　　（3）控制电路中没有电气互锁，会引起电源短路——KM1 线圈前串联 KM2 常闭辅助触点，KM2 线圈前串联 KM1 常闭辅助触点；不能实现过载保护——KM1、KM2 线圈后应串联 FR 的常闭触点。

12. 答案：（1）刀开关 Q——隔离电源，KM1——电源接触器，KM2——△连接接触器，KM3——Y 连接接触器，热继电器 FR——过载保护，时间继电器 KT——延时实现 Y-△切换。

　　（2）主电路中没有短路保护——Q 与 KM1 之间需增设熔断器 FU；电动机不能△连接（定子绕组的 U2、W2 位置互换）——调换定子绕组的 U2、W2 位置。

　　（3）控制电路中 KM2、KM3 没有电气互锁，会引起电源短路——KM3 线圈前串联 KM2 常闭辅助触点，KM2 线圈前串联 KM3 常闭辅助触点；KT 将长时间通电——在 KT 线圈前面串联 KM2 常闭辅助触点；不能实现过载保护——线圈后应串联 FR 的常闭触点后再接电源。

13. 答案：主电路与控制电路如图 2-26 所示。

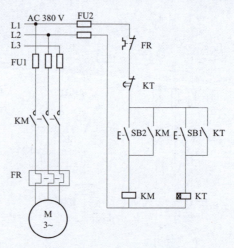

图 2-26　题 13 图（答案）

14. 答案：控制电路如图 2-27 所示。

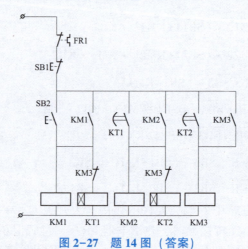

图 2-27　题 14 图（答案）

15. 答案：控制电路如图 2-28 所示。

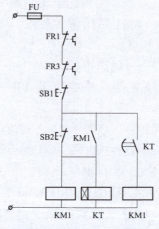

图 2-28　题 15 图（答案）

16. 答案：控制电路如图 2-29 所示。

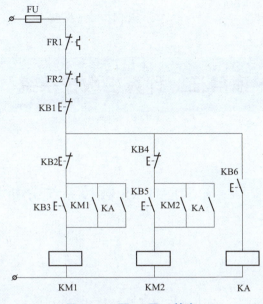

图 2-29　题 16 图（答案）

17. 答案：控制电路如图 2-30 所示。

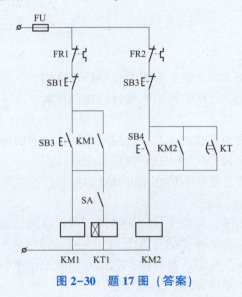

图 2-30　题 17 图（答案）

项目三 计算机数控系统

任务一 SIEMENS 数控系统分析

 任务描述

某数控机床厂家制造一台三坐标立式数控铣床，X、Y、Z 直线坐标轴；模拟主轴（变频器、三相变频电机），采用 SIEMENS 828D 数控系统。

 任务目标

※**知识目标**

（1）掌握 SIEMENS 828D 数控系统装置的接口结构。

（2）掌握 SIEMENS 828D 数控系统装置的接口功能。

※**技能目标**

（1）能够正确厘清 SIEMENS 828D 数控系统各接口间的连接关系。

（2）能够正确识读 SIEMENS 828D 数控系统连接图。

（3）会按照控制要求绘制 SIEMENS 828D 数控系统连接框图，标出主要接口。

※**素养目标**

（1）推进新型工业化，加快建设制造强国、质量强国、数字中国。

（2）培养学生的工匠精神和职业道德。

（3）培养学生的安全意识、自我保护意识和团队协作意识。

（4）培养学生对实际问题的处理应对能力。

（5）培养学生自我学习和自我提高的综合素质。

 任务分析

本任务以 SIEMENS 828D 数控系统为例进行 SIEMENS 数控系统的连接框图绘制与实操连接。本任务要求学生能够正确厘清 SIEMENS 828D 数控系统各接口间的连接关系；能够正确识读 SIEMENS 828D 数控系统连接图；会按照控制要求绘制 SIEMENS 828D 数控系统连接框图，标出主要接口；会按照工艺要求完成 SIEMENS 828D 数控系统连接。

1. 西门子（SIEMENS）系统介绍

SIEMENS 系统采用视窗显示界面，操作更人性化，而且自带 CAM 软件，适合复杂零件加工；可以方便地接入各种工业控制网络。在制造业自动化生产线，配备 SIEMENS 数控系统的数控机床使用较多。

SIEMENS 828D 数控系统通过 PN Profinet 接口与输入/输出模块 PP72/48、机床操作面板 MCP 连接，传输外部输入输出信号，各模块之间通过串联的方式实现与数控系统的连接。SIEMENS 828D 数控装置 PPU 正面与背面结构及各部分名称和作用如图 3-1、图 3-2 所示。

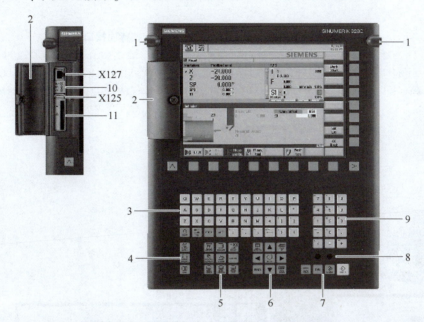

图 3-1　SIEMENS 828D 数控装置 PPU 正面构成

1—3/8 螺孔；2—前盖菜单回调键；3—字母键区；4，7—控制键区；5—快速选择键区；
6—光标键区；8—接近传感器；9—数字键区；10—状态 LED 灯（RDY、NC、CF）；
11—CF 卡插槽（X127：以太网接口；X125：USB 接口）

X1 电源接口：数控系统控制器 PPU 的电源接口，需输入直流 24 V 电源作为系统工作电源，一般采用 3 芯端子式插座（24 V、0 V 和 PE）。

X100/X101/X102 Drive-CLIQ 接口：Drive-CLIQ 是西门子的新一代驱动装置之间的通信协议，保障数控系统与伺服系统之间进行快速可靠的通信。通过 Drive-CLIQ 将伺服控制单元与 PPU 连接，能实现伺服控制信号的传输。

PN Profinet 接口：Profinet 由 PROFIBUS 国际组织（PROFIBUS International, PI）推出，是新一代基于工业以太网技术的自动化总线标准。PN Profinet 用于 PLC 外部信号的传输，主要用于 MCP 面板与 PP72/48 等 I/O 模块的连接。

图 3-3 所示为 SIEMENS 828D 数控系统连接总成简图。

图 3-2 SIEMENS 828D 数控装置 CNC 背面接口

1, 2—X122, X132: 数字量输入/输出端, 用于驱动; 3, 4—X242, X252: NC 的数字量输入/输出端;
5—X143: 手轮接口; 6—M, T2, T1, T0: 测量接口; 7—X1: 电源接口; 8—X135: USB 接口; 9—X130: 以太网接口;
10—PN Profinet 接口; 11—状态 LED 灯; 12—X100, X101, X102: Drive-CLIQ 接口; 13—X140: 串行接口 RS232

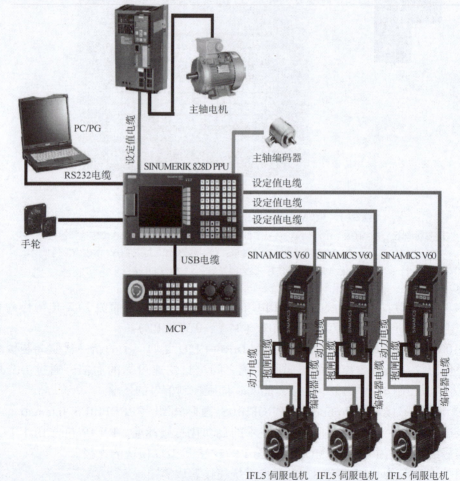

图 3-3 SIEMENS 828D 数控系统连接总成简图

2. SIEMENS 828D 数控系统连接注意事项

SIEMENS 828D 数控系统既可以与 S120 书本型驱动连接，也可以与 Comb 紧凑型驱动进行连接，并且有 3 个驱动接口 X100、X101、X102，如图 3-4 所示，连接时需要注意以下事项。

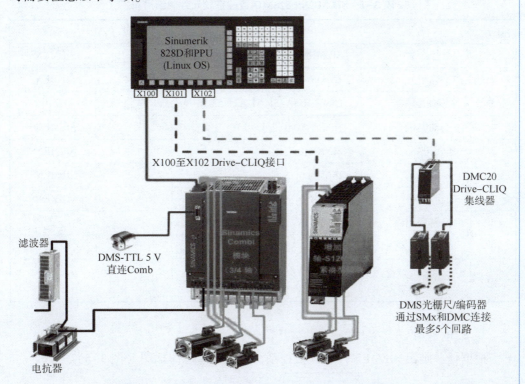

图 3-4 SIEMENS 828D 数控系统连接驱动接口示意图

（1）如果连接的是 S120 书本型驱动，与 802DSL 类似，电源模块或驱动上的 X200 可以任意接到系统的 X100、X101、X102 端口；但如果连接的是 S120 Comb 驱动，则只能连接到系统的 X100 端口。

（2）如果扩展有 NX10 模块，则必须连接到系统的 X102 端口。

（3）如果连接的是 S120 Comb 驱动，并扩展了紧凑书本型模块（不能扩展普通书本型模块），则必须连接到系统的 X101 端口（注意 S120 Comb 驱动上的 X205 端口不是用来连接或扩展下一个驱动的）。

（4）如果有 DMC20，则既可以连接到 X101，也可以连接到 X102。

（5）如果连接的是 S120 Comb 驱动，并且机床各个轴（2 个以上）都用了第二测量（如光栅），则必须配置 DMC20。

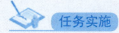 任务实施

1. 工具、仪表及器材

（1）工具：测电笔、十字螺丝刀、一字螺丝刀、电工钳等。

（2）仪表：万用表一只。

（3）导线规格：各类电缆钱、光纤线等。

（4）器材：数控维修实训台。

2. 元件明细表

根据任务要求选用数控装置元件，填入表 3-1 中。

表 3-1   SIEMENS 828MD 数控系统元件明细清单

序号	名称	型号规格	数量	备注
1	数控装置	SIEMENS 828D		SIEMENS
2	手轮单元	HC11D-B		SIEMENS
3	主轴变频器	CIMR-G5A45P 51 A 5.5 kW		安川
4	主轴电机	三相变频电机 4.5 kW		SIEMENS
5	伺服驱动器	SINAMICS V6		SIEMENS
6	伺服电机	IFL5（14 N·m）		SIEMENS
7	伺服电机	IFL5（14 N·m 抱闸）		SIEMENS
8	控制变压器	AC 380 V/220 V/110 V/24 V		
9	伺服变压器	三相 AC 380 V/200 V 7.5 kW		
10	开关电源	AC 220 V/DC 24 V 50 W AC 220 V/DC 24 V 100 W		

3. 总体框图

根据任务画出 SIEMENS 828D 数控系统连接设计总体框图（图 3-5）。

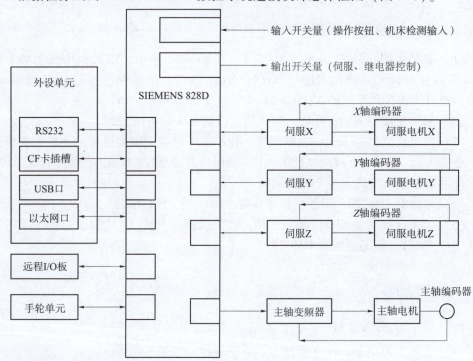

图 3-5   SIEMENS 828MD 数控系统连接设计总体框图

4. 根据图 3-5 完成硬件连接。

（1）根据表 3-1 所示的数控系统元件明细清单查找数控系统元件，所用数控系统元件应完好无损，各项技术指标符合规定要求，否则应予以更换。

（2）根据图 3-5 所示的框图检查各接口是否有损坏，检查各接口选用电缆线、光纤线的正确性。

（3）安装数控系统元件，做到安装牢固、平稳，防止在上电运行时产生松动而引起事故。

（4）按照图 3-5 所示的框图正确连接数控系统各元件，并检查接线是否牢靠。

（5）可靠连接数控装置元件金属外壳的保护接地线。

检查评估

工作质量检查内容如表 3-2 所示。

表 3-2　工作质量检查表

序号	检查项目	检查标准	学生自检	教师检查
1	教师提问	回答认真、标准		
2	布局和结构	布局合理、结构紧凑、控制方便、美观大方		
3	装置元件的排序和固定	排列整齐，各装置元件安装可靠、牢固		
4	装置元件的接口	各接口选择正确，接口选用相关电缆线、光纤线无损坏，接线正确		
5	线路工艺	各电缆线、光纤线铺设在线槽中，强、弱电分开走线，线槽盖不得缺失		
6	仪表检查电路	会用万用表检查数控系统电源电压是否正确		
7	上电调试	数控系统上电正常开机，伺服系统正常上电		
8	故障排除	能够排除数控系统电源电路的常见故障		
9	工具的使用	工具使用合理、准确、摆放整齐，用后归放原位		
10	安全用电	注意安全用电，不带电作业		
检查评价	班级		第　组	组长签字
	教师签字		日期	
	评语：			

任务二　FANUC 数控系统分析

　任务描述

某数控机床厂家制造一台三坐标立式数控铣床，X、Y、Z 直线坐标轴；串行主轴，采用 FANUC0i-F 数控系统。

　任务目标

※**知识目标**

（1）掌握 FANUC0i-F 数控系统装置的接口结构。

（2）掌握 FANUC0i-F 数控系统装置的接口功能。

※**技能目标**

（1）能够正确厘清 FANUC0i-F 数控系统各接口之间的连接关系。

（2）能够正确识读 FANUC0i-F 数控系统连接图。

（3）会按照工艺要求绘制 FANUC0i-F 数控系统连接框图，标出主要接口。

※**素养目标**

（1）建设现代化产业体系，坚持把发展经济的着力点放在实体经济上，推进新型工业化，加快建设制造强国、质量强国、数字中国。

（2）培养学生的工匠精神和职业道德。

（3）培养学生的安全意识、自我保护意识和团队协作意识。

（4）培养学生对实际问题的处理应对能力。

（5）培养学生自我学习和自我提高的综合素质。

　任务分析

本任务以 FANUC0i-F 数控系统为例进行 FANUC 数控系统的连接框图绘制与实操连接。本任务要求学生能够正确厘清 FANUC0i-F 数控系统各接口之间的连接关系；能够正确识读 FANUC0i-F 数控系统连接图；会按照控制要求绘制 FANUC0i-F 数控系统连接框图，标出主要接口；会按照工艺要求完成 FANUC0i-F 数控系统连接。

　知识准备

FANUC 系统选用模块化结构，有很强的环境适应能力、较完善的维护措施，具有较高的可靠性；FANUC 系统提供比较彻底的功用和选项功用、很强的 DNC 功用、维修报警和确诊功用、丰富的 PMC 信号和 PMC 功用指令，具有功用全、适用范围广等特点。在制造业自动化单机中，配备 FANUC 数控系统的数控机床使用较多。

FANUC0i-F 数控装置正面/背面如图 3-6 所示，背面接口如图 3-7 所示。

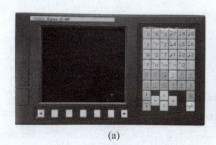 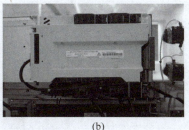

(a)　　　　　　　　　　　　　　　　(b)

图 3-6　FANUC0i-F 数控装置正面/背面

图 3-7　FANUC0i-F 数控装置背面接口

1—系统风扇；2—COP10A 接口；3—系统序列号；4—系统类型；5—系统主板指示灯；
6—JD36A 接口；7—JD36B 接口；8—JA40 接口；9—JD1A 接口；10—JA7A 接口；
11—系统电池；12—系统保险丝；13—CP1 接口

COP10A 接口：光缆插头，系统轴卡与伺服放大器之间的数据通信接口。

JD36A 接口：RS232 的串行接口，通道 1。

JD36B 接口：RS232 的串行接口，通道 2。

JA40 接口：主轴模拟输出/高速 DI 点的输入口。若机床不使用 FANUC 的主轴电机和放大器而使用变频器控制主轴时，则此接口给变频器输出提供 0~10 V 的模拟控制电压。

JD1A 接口：I/O LINK 的接口，系统通过此接口与机床强电柜的 I/O 设备进行通信（包括机床操作面板），交换 I/O 号。

JA7A 接口：串行主轴的连接口，如果使用的是 FANUC 的主轴放大器，则此接口与主轴放大器上的接口 JA7B 连接。

CP1 接口：系统的 DC 24 V 电源接口，如果机床开机后系统黑屏，首先要查看此处是否有 DC 24 V 电源输入，如果 DC 24 V 电源输入正常，则检查数控系统的熔断器。

FANUC0i-F 数控系统连接总成简图如图 3-8 所示。

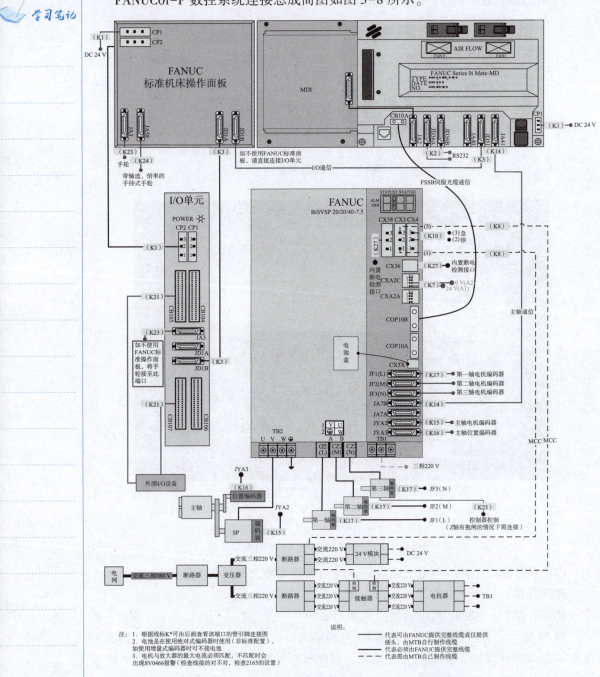

图 3-8　FANUC0i-F 数控系统连接总成简图

 任务实施

1. 工具、仪表及器材

（1）工具：测电笔、十字螺丝刀、一字螺丝刀、电工钳等。

（2）仪表：万用表一只。

（3）导线规格：各类电缆钱、光纤线等。

（4）器材：数控维修实训台。

2. 元件明细表

根据任务要求选用数控装置元件，填入表3-3中。

表3-3　元件明细清单

序号	名称	型号规格	数量	备注
1	数控装置	FANUC0i-F		FANUC
2	手持单元	A860-0203-T001		FANUC
3	I/O模块	4个50芯I/O接口，96输入/64输出		FANUC
4	伺服驱动器	βi-B一体型放大器（βiSVSP 80/80/80-18-B）		FANUC
5	主轴伺服电机	βI30/6000		FANUC
6	伺服电机	βiS22/3000		FANUC
7	伺服电机	βiS22/3000（抱闸）		FANUC
8	控制变压器	AC 380 V/220 V/110 V/24 V		
9	伺服变压器	三相AC 380 V/200 V 7.5 kW		
10	开关电源	AC 220 V/DC 24 V 50 W AC 220 V/DC 24 V 100 W		

3. 总体框图

根据任务画出FANUC0i-F数控系统连接设计总体框图（图3-9）。

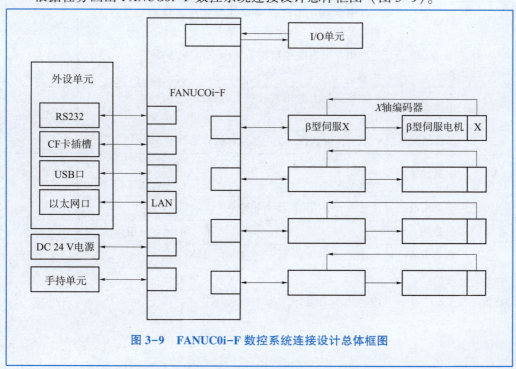

图3-9　FANUC0i-F数控系统连接设计总体框图

4. 根据图3-9完成硬件连接。

（1）根据表3-3所示的元件明细清单查找数控系统元件，所用数控系统元件应完好无损，各项技术指标符合规定要求，否则应予以更换。

（2）根据图3-9所示的框图检查各接口是否有损坏，检查各接口选用电缆线、光纤线的正确性。

（3）安装数控系统元件，做到安装牢固、平稳，防止在上电运行时产生松动而引起事故。

（4）按照图3-9所示的框图正确连接数控系统各元件，并检查接线是否牢靠。

（5）可靠连接数控装置元件金属外壳的保护接地线。

工作质量检查内容如表3-4所示。

表3-4　工作质量检查表

序号	检查项目	检查标准	学生自检	教师检查
1	教师提问	回答认真、标准		
2	布局和结构	布局合理、结构紧凑、控制方便、美观大方		
3	装置元件的排序和固定	排列整齐，各装置元件安装可靠、牢固		
4	装置元件的接口	各接口选择正确，接口选用相关电缆线、光纤线无损坏，接线正确		
5	线路工艺	各电缆线、光纤线铺设在线槽中，强、弱电分开走线，线槽盖不得缺失		
6	仪表检查电路	会用万用表检查数控系统电源电压是否正确		
7	上电调试	数控系统上电正常开机，伺服系统正常上电		
8	故障排除	能够排除数控系统电源电路的常见故障		
9	工具的使用	工具使用合理、准确、摆放整齐，用后归放原位		
10	安全用电	注意安全用电，不带电作业		
检查评价	班级		第　组	组长签字	
	教师签字		日期		
	评语：				

任务三 HNC 数控系统分析

 任务描述

某数控机床厂家制造一台三坐标立式数控铣床，X、Y、Z 直线坐标轴；串行主轴，采用 HNC-808D 数控系统。

任务目标

※**知识目标**

（1）掌握 HNC-808D 数控系统装置的接口结构。

（2）掌握 HNC-808D 数控系统装置的接口功能。

※**技能目标**

（1）能够正确厘清 HNC-808D 数控系统各接口之间的连接关系。

（2）能够正确识读 HNC-808D 数控系统连接图。

（3）会按照工艺要求绘制 HNC-808D 数控系统连接框图，并标出主要接口。

※**素养目标**

（1）建设现代化产业体系，坚持把发展经济的着力点放在实体经济上，推进新型工业化，加快建设制造强国、质量强国、数字中国。

（2）培养学生的工匠精神和职业道德。

（3）培养学生的安全意识、自我保护意识和团队协作意识。

（4）培养学生热爱国产品牌，进行爱国主义教育。

（5）培养学生对实际问题的处理应对能力。

（6）培养学生自我学习和自我提高的综合素质。

 任务分析

本任务以 HNC-808D 数控系统为例进行 HNC 数控系统的连接框图绘制与实操连接。本任务要求学生能够正确厘清 HNC-808D 数控系统各接口之间的连接关系；能够正确识读 HNC-808D 数控系统连接图；会按照控制要求绘制 HNC-808D 数控系统连接框图，标出主要接口；会按照工艺要求完成 HNC-808D 数控系统连接。

 知识准备

HNC（华中）数控系统以工业计算机为硬件平台，使用 DOS、Windows 软件平台，具有多轴多通道控制能力和内装式 PLC，可与多种伺服驱动单元配合使用，具有开放性好、结构紧凑、集成度高、可靠性好、性能价格比高、维护方便的特点。在制造业自动化单机中，采用国产数控系统的数控机床较多使用 HNC 数控系统。

HNC-808D 数控装置为一体式结构，采用 8.0 in[①] 彩色液晶屏，分辨率为 800×

———————————————

① 1 in＝25.4 mm。

600；该数控装置最大可支持 4 进给轴和 1 主轴，最大联动轴数为 4 轴。HNC-808D 数控装置接口如图 3-10 所示。

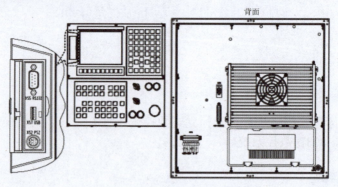

图 3-10　HNC-808D 数控装置接口

XS2：外接计算机键盘接口。

XS5：RS232 串行接口。

XS6：NCUC 总线接口。

XS7：USB 盘接口（USB 2.0）。

XS8：手持单元接口。

XT1：外部电源开、电源关、急停接口。

HNC-808D 数控系统设计总体框图如图 3-11 所示，设计总体连接简图如图 3-12 所示。

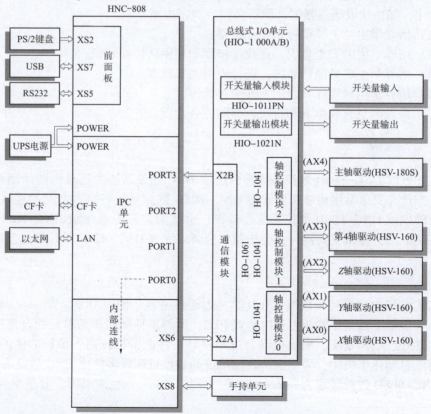

图 3-11　HNC-808D 数控系统设计总体框图

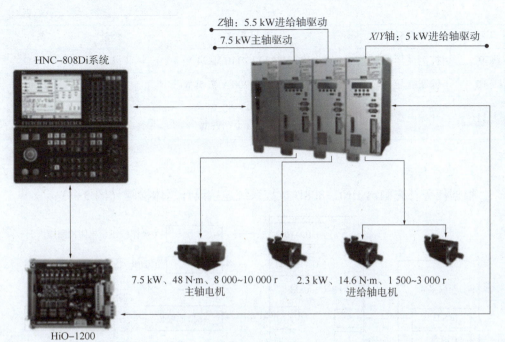

图 3-12 HNC-808D 数控系统设计总体连接简图

 任务实施

1. 工具、仪表及器材

（1）工具：测电笔、十字螺丝刀、一字螺丝刀、电工钳等
（2）仪表：万用表一只。
（3）导线规格：各类电缆钱、光纤线等。
（4）器材：数控维修实训台。

2. 元件明细表

根据任务要求选用数控系统元件，填入表 3-5 中。

表 3-5　HNC-808D 数控系统元件明细清单

序号	名称	型号规格	数量	备注
1	数控装置	HNC-808D		HNC
2	手持单元	HWL-1001		HNC
3	主轴伺服驱动器	HSV-180S		HNC
4	主轴伺服电机	1FT6074（48 N·m，7.5 kW）		HNC
5	伺服电源模块	HSV-160P		HNC
6	伺服驱动器	HSV-160		HNC
7	伺服电机	1FT6074（14 N·m，2.3 kW）		HNC
8	伺服电机	1FT6074+G45（14 N·m，2.3 kW 抱闸）		HNC

续表

序号	名称	型号规格	数量	备注
9	控制变压器	AC 380 V/220 V/110 V/24 V		HNC
10	伺服变压器	三相 AC 380 V/200 V 7.5kW		HNC
11	开关电源	AC 220 V/DC 24V 50 W AC 220 V/DC 24 V 100 W		明玮

3. 总体框图

根据任务补充画出 HNC-808D 数控系统连接设计总体框图（图 3-13）。

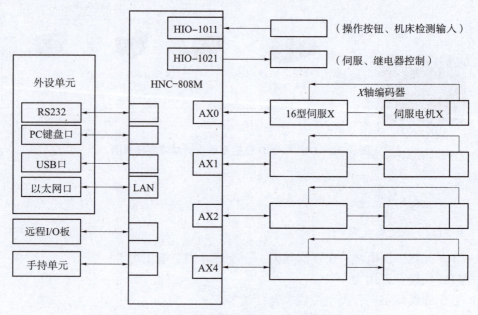

图 3-13　HNC-808D 数控系统连接设计总体框图

4. 根据图 3-11、图 3-12、图 3-13 完成硬件连接

（1）根据表 3-5 查找数控系统元件，所用数控系统元件应完好无损，各项技术指标符合规定要求，否则应予以更换。

（2）根据图 3-13 检查各接口是否有损坏，检查各接口选用电缆线、光纤线的正确性。

（3）安装数控系统元件，做到安装牢固、平稳，防止在上电运行时产生松动而引起事故。

（4）按照图 3-13 正确连接数控系统各元件，并检查接线是否牢靠。

（5）可靠连接数控装置元件金属外壳的保护接地线。

 检查评估

工作质量检查内容如表 3-6 所示。

表 3-6　工作质量检查表

序号	检查项目	检查标准	学生自检	教师检查
1	教师提问	回答认真、标准		
2	布局和结构	布局合理、结构紧凑、控制方便、美观大方		
3	数控系统元件的排序和固定	排列整齐，各装置元件安装可靠、牢固		
4	数控系统元件的接口	各接口选择正确，接口选用相关电缆线、光纤线无损坏，接线正确		
5	线路工艺	各电缆线、光纤线铺设在线槽中，强、弱电分开走线，线槽盖不得缺失		
6	仪表检查电路	会用万用表检查数控系统电源电压是否正确		
7	上电调试	数控系统上电正常开机，伺服系统正常上电		
8	故障排除	能够排除数控系统电源电路的常见故障		
9	工具的使用	工具使用合理、准确、摆放整齐，用后归放原位		
10	安全用电	注意安全用电，不带电作业		

检查评价	班级		第　　组	组长签字
	教师签字		日期	
	评语：			

课后习题与答案

习　题

一、填空题

1. 数控系统由_____、_____、检测装置、伺服单元、驱动装置和 PLC 等组成。

2. 数控机床通常是由程序载体、_____、_____、辅助装置、检测与反馈装置 5 部分组成。

3. 数控系统主要经历了两个阶段，分别是_____和_____。

4. 在数控机床中，程序载体的作用是_____。

5. 数控机床按照系统划分，我校实训基地可分为_____、_____、HNC-21（华中）。

6. 按运动方式来划分，数控机床可以分为_____、_____和_____3 种类型。

7. _____系统是指不带反馈装置的控制系统。

8. 数控机床正朝着高速、高_____和高效率的方向发展。

9. 按微处理器的个数可分为_____和_____结构。

10. 数控机床电器控制系统由_____、_____、主轴伺服系统、机床强电控制系统、PLC、继电器、接触器、控制系统等组成。

11. _____控制系统是指带反馈装置的控制系统。

12. NC 指的是_____。

13. 数控系统按照有无检测反馈装置分为_____和_____两种类型。

14. CNC 系统常用外设包括_____和_____两种。

二、判断题

1. （　　）数控机床是不可以联网的。

2. （　　）数控装置是数控机床电气控制系统的控制中心。

3. （　　）钻床属于点位控制数控机床。

4. （　　）数控机床既可以自动加工，也可以手动加工。

5. （　　）点位控制的数控机床只需控制起点和终点位置，对加工过程中的轨迹没有严格要求。

6. （　　）数控机床具有柔性，只需更换程序，即可适应不同品种及尺寸规格零件的自动加工。

7. （　　）世界上第一台数控机床是 1958 年试制成功的。

8. （　　）在 CNC 系统中，由硬件完成的功能原则上不可以由软件完成。

9. （　　）当点位控制数控机床的移动部件移动时，可以按任意斜率的直线进行切削加工。

10. （　　）德国的 SIEMENS 和日本的 FUNUC 公司的数控系统对我国数控技术的影响较大。

11. （　　）CNC 系统仅由软件部分完成其数控任务。

12. （　　）若 CNC 装置有两个或两个以上的微处理机，则其一定属于多微处理机结构。

13. （　　）CNC 系统的中断管理主要靠硬件完成。

14. （　　）CNC 系统的外设指的是输入设备，如 MDI 键盘、纸带阅读机等。

15. （　　）在共享总线结构中，某一时刻可以由多个 CPU 占有总线。

16. （　　）CNC 系统的核心是 CNC 装置，其性能决定了数控系统的性能。

三、选择题

1. 数控机床电气控制系统的核心是（　　）。
A. CNC 装置　　　　B. PLC 装置　　　　C. SPWM 装置

2. 下列关于世界第一台数控机床的描述正确的是（　　）。
A. 1946 年在美国研制成功的　　　　B. 它是一台 3 坐标数控铣床
C. 用它来加工直升机叶片　　　　　　D. 它用晶闸管-直流电动机驱动

3. 数控机床半闭环控制系统的特点是（　　）。
A. 结构简单、价格低廉、精度差
B. 结构简单、维修方便、精度不高
C. 调试与维修方便、精度高、稳定性好
D. 调试较困难、精度很高

4. 数控机床进给伺服系统的负载不大、加工精度不高时，可采用（　　）控制。
A. 全闭环　　　　B. 半闭环　　　　C. 开环

5. 刀具靠近工件的运动方向为坐标轴的（　　）方向。
A. 左　　　　B. 右　　　　C. 正　　　　D. 负

6. 闭环控制系统比开环控制系统（　　）。
A. 稳定性好　　B. 故障率低　　C. 精度高　　D. 价格低

7. 同一时间内控制一个坐标方向上的移动的系统是（　　）控制系统。
A. 点位　　　　B. 直线　　　　C. 轮廓　　　　D. 连续

8. 经济型数控系统一般采用（　　）CPU，而且一般是单微处理器系统。
A. 8 位或 16 位　　B. 32 位　　　　C. 64 位　　　　D. 以上都不正确

9. 下面哪种设备不是 CNC 系统的输入设备？（　　）
A. MDI 键盘　　B. 纸带阅读机　　C. CRT 显示器　　D. 磁带机

10. 在单 CPU 的 CNC 系统中，主要采用（　　）的原则来解决多任务的同时运行。
A. CPU 同时共享　B. CPU 分时共享　C. 共享存储器　　D. 中断

11. 下面哪种方法不属于并行处理技术？（　　）
A. 资源重复　　　B. 时间重叠　　　C. 资源共享　　　D. 中断执行

12. 脉冲当量的大小决定了加工精度，下面哪种脉冲当量对应的加工精度更高？（　　）

A. 1 μm/脉冲　　　B. 5 μm/脉冲　　　C. 10 μm/脉冲　　　D. 0.01μm/脉冲

13. 单微处理机 CNC 装置中，微处理机通过（　　）与存储器、输入输出控制等各种接口相连。

A. 总线　　　　　　　　　　B. 输入/输出接口电路

C. 主板　　　　　　　　　　D. 专用逻辑电路

14. 世界上第一台数控机床是在（　　）年试制成功的。

A. 1951　　　　　B. 1952　　　　　C. 1954　　　　　D. 1958

15. 下面哪个部分是数控机床的核心部分？（　　）

A. 控制介质　　　B. 数控装置　　　C. 伺服系统　　　D. 测量装置

16. 我国从（　　）年开始研究数控机械加工技术，并于当年研制成功我国第一台电子管数控系统样机。

A. 1952　　　　　B. 1958　　　　　C. 1954　　　　　D. 1959

17. 单微处理机 CNC 装置中，微处理机通过（　　）与存储器、输入输出控制等各种接口相连。

A. 主板　　　　　　　　　　B. 输入/输出接口电路

C. 总线　　　　　　　　　　D. 专用逻辑电路

四、简答题

1. 简述数控系统及其组成。

2. 简述数控系统的类型。（写两种以上分类方法）

3. 简述数控装置的结构组成。

答　案

一、填空题

1. 数控装置（CNC），输入输出装置（I/O）

2. CNC，伺服装置

3. NC，CNC

4. 存取加工程序

5. SIEMENS（西门子），FANUC（法纳克），三菱，GS928（广数）（任写两种）

6. 点位运动方式，直线运动方式，轮廓运动方式

7. 开环控制

8. 精度

9. 单微处理器结构，多微处理器

10. 数控装置，进给伺服系统

11. 闭环

12. 数字控制

13. 开环控制，闭环控制
14. 输入设备，输出设备

二、判断题

1. × 2. √ 3. √ 4. √ 5. √ 6. √ 7. × 8. × 9. ×
10. √ 11. × 12. × 13. × 14. × 15. × 16. √

三、选择题

1. A 2. B 3. C 4. C 5. C 6. C 7. B 8. A 9. C 10. B
11. D 12. A 13. A 14. B 15. B 16. B 17. C

四、简答题

1. 数控系统采用数控技术实现数控机床的数字控制。它主要由计算机数控装置、数控加工程序输入/输出装置、主轴单元、伺服单元、驱动装置、PLC 及电气逻辑控制装置、辅助装置、测量装置组成。

2. （1）按被控机床运动轨迹分类：①点位控制数控系统；②直线控制数控系统；③轮廓控制数控系统。（2）按伺服系统分类：①开环控制数控系统；②闭环控制数控系统。（3）按照数控系统的功能水平分类，数控系统可以分为经济型（低档型）、普及型（中档型）和高档型数控系统 3 种。

3. 数控装置由硬件和软件两大部分组成。硬件装置由微处理器（CPU）、存储器、位置控制、输入/输出接口、PLC、图形、电源等模块组成。软件主要指系统软件，包括管理软件和控制软件。

项目四　数控机床伺服驱动系统

任务一　数控机床进给驱动系统调试

任务描述

某数控机床厂家制造一台卧式数控车床，X、Z 直线坐标轴；采用 FANUC·β 伺服电动机，半闭环控制。

任务目标

※**知识目标**

（1）掌握步进电动机的工作原理。

（2）掌握西门子控制器（PLC）中对运动控制指令的使用。

※**技能目标**

（1）能够根据步进电动机的接线图进行端口表的绘制和接线。

（2）会根据任务书的要求对步进电动机进行运动控制。

※**素养目标**

（1）按照立德树人的要求，坚持就业导向、能力本位，以促进学生发展为目标，突出培养学生踏实认真的学习态度、严谨科学的工作能力等核心素养、必备品格和关键能力，坚持知行合一，做中学、做中教，学以致用。

（2）培养学生工匠精神和职业道德。

（3）培养学生安全意识和团队协作意识。

（4）培养学生自我学习和自我提高的综合素质。

任务分析

进给驱动系统是 CNC 装置和机床的联系环节。CNC 发出的控制信息通过进给驱动系统转换成坐标轴的运动，完成程序所规定的操作。进给驱动系统的性能在一定程度上决定了数控系统的性能，直接影响加工工件的精度。本项目通过西门子1200 PLC 控制步进电动机的上下运动来学习进给驱动系统的安装与调试方法。

1. 典型接线图

步进电动机的典型接线图如图 4-1 所示。

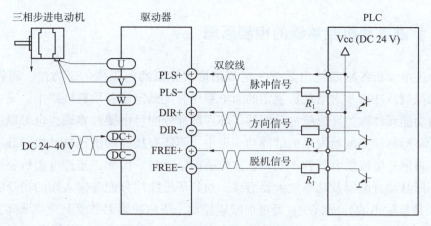

图 4-1　步进电动机的典型接线图

2. 步进电动机电路的工作原理

如图 4-1 所示，步进电动机驱动器的功能是接收来自 PLC 的一定数量和频率脉冲信号及电动机旋转方向的信号，为步进电动机输出三相功率脉冲信号。步进电动机驱动器的组成包括脉冲分配器和脉冲放大器两部分，主要解决向步进电动机的各相绕组分配输出脉冲和功率放大两个问题。脉冲分配器是一个数字逻辑单元，它接收来自控制器的脉冲信号和转向信号，把脉冲信号按一定的逻辑关系分配到每一相脉冲放大器上，使步进电动机按选定的运行方式工作。脉冲放大器是进行脉冲功率放大的部件。因为脉冲分配器能够输出的电流很小（毫安级），而步进电动机工作时需要的电流较大，因此需要进行功率放大。

 知识准备

步进电动机是一种将电脉冲信号转换成机械角位移的电磁机械装置，如图 4-2 所示。对步进电动机施加一个电脉冲信号时，它就旋转一个固定的角度，称为一步，每一步所转过的角度叫作步距角。同一相数的步进电动机通常有两种步距角，常用步进电动机的步距角有 0.36°/0.72°、0.75°/1.5°、0.9°/1.8° 等，斜线前面的角度表示半步距角度，斜线后面的角度表示全步距角度。步进电动机的角位移量和输入脉冲的个数严格地成正比例，在时间上与输入脉冲同步。因此，只需控制输入脉冲的数量、频率及电动机绕组通电相序，便可获得所需要的转角、转速及旋转方向。没有脉冲输入时，在绕组电源激励下，气隙磁场能使转子保持原有位置而处于定位状态。由于步进电动机所用电源是脉冲电源，因此又称脉冲马达。

图 4-2　步进电动机及驱动器

4.1 步进电动机驱动器的控制原理

步进电动机各励磁绕组是按一定节拍依次轮流通电工作的。为此，需将 CNC 发出的控制脉冲按步进电动机规定的通电顺序分配到定子各励磁绕组中。完成脉冲分配的功能元件称为环形脉冲分配器。环形脉冲分配可由硬件实现，也可以用软件完成；环形脉冲分配器发出的脉冲功率很小，不能直接驱动步进电动机，必须经驱动电路将信号电流放大到若干安培，才能驱动电动机。因此，步进电动机驱动器通常由环形脉冲分配器及功率放大器组成，加到环形脉冲分配器输入端的指令脉冲是 CNC 插补器输出的分配脉冲，经过加减速控制，使脉冲频率平滑上升或下降，以适应步进电动机的驱动特性。环形脉冲分配器将脉冲信号按一定顺序分配，然后送到驱动电路中进行功率放大，驱动步进电动机工作。

环形分配器的功能可以由硬件完成（如 D 触发器组成的电路），也可以由软件产生，将每相绕组的控制信号定义为 I/O 输出口之位，其状态输出可以用逻辑表达式或查表等方式来实现，比逻辑电路要简单得多。

功率放大器的作用是将环形分配器输出的通电状态信号经过若干级功率放大，控制步进电动机各相绕组电流按一定顺序切换。晶体管、场效应管、晶闸管、IGBT 等功率开关器件都可用作步进电动机的功率放大器。

4.2 细分

阶梯式正弦波形电流按固定时序分别流过 3 路绕组，其每个阶梯对应电动机转动一步。通常通过改变驱动器输出正弦电流的频率来改变电动机转速，而输出的阶梯数确定了每步转过的角度，当角度越小时，其阶梯数就越多，即细分就越大，从理论上说此角度可以设得足够小，因此细分数可以很大。3M458 最高可达 10 000 步/转的驱动细分功能，细分可以通过拨动开关设定。细分驱动方式不仅可以减小步进电动机的步距角、提高分辨率，而且可以减少或消除低频振动，使电动机运行更加平稳均匀。

4.3 S7-1200 运动控制功能

S7-1200 PLC 在运动控制中使用了轴的概念，通过轴的配置（包括硬件接口、位置定义、动态性能和机械特性等）与相关的指令块组合使用，可实现绝对位置、相对位置、点动、转速控制及寻找参考点等功能。S7-1200 CPU 提供了最多 4 路的脉冲输出 PTO，继电器输出的 PLC 也可以通过增加信号板实现高速脉冲输出，集成点最高输出 100 kHz，SB 最高输出 200 kHz。S7-1200 运动控制输出如表 4-1 所示。

表 4-1　S7-1200 运动控制输出表

高速脉冲发生器	脉冲	方向
PTO0 内置 I/O	Q0.0	Q0.1
PTO0 SB I/O	Q4.0	Q4.1
PTO1 内置 I/O	Q0.2	Q0.3
PTO1 SB I/O	Q4.2	Q4.3
PTO2 内置 I/O	Q0.4	Q0.5
PTO2 SB I/O	Q4.0	Q4.1
PTO3 内置 I/O	Q0.6	Q0.7
PTO3 SB I/O	Q4.2	Q4.3

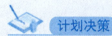 计划决策

（一）工作准备

1. 工具、仪表及器材

（1）工具：测电笔、十字螺丝刀、一字螺丝刀、电工钳、尖嘴钳、斜口钳、剥线钳、电工刀等。

（2）仪表：万用表一只。

（3）导线规格：紧固体及编码套管等。

（4）器材：YL-36A 型可编程控制器系统应用实训考核装置。

2. 端口分配表

根据步进电动机的典型接线图（图 4-1），列出 I/O 端口分配表，并写入表 4-2 中。

表 4-2　I/O 端口分配表

输入		输出	

（二）8 位 DIP 功能设定开关

画出 8 位 DIP 功能设定开关，并填写表 4-3，此开关可以用来设定驱动器的工作方式和工作参数，包括细分设置、静态电流设置和运行电流设置。

表 4-3 8 位 DIP 功能设定开关

细分设置表				输出电流设置表				
DIP1	DIP2	DIP3	输出细分	DIP5	DIP6	DIP7	DIP8	输出电流

注意：DIP4 为静态电流控制，当为 ON 功能时是全流，为 OFF 功能时是半流。

（三）参数说明

根据列出需要使用到的运动控制指令，写出使用到的对应参数说明，并填入表 4-4 中。

表 4-4 使用到的运动控制指令与对应的参数说明

序号	运动控制指令	参数说明
1	MC_Power（运动控制使能块）	
2	MC_Reset（确认错误指令块）	
3	MC_Home（回参考点指令块）	
4	MC_Halt（停止轴指令块）	
5	MC_MoveAbsolute（绝对位移指令块）	
6	MC_MoveRelative（相对位移指令块）	
7	MC_MoveVelocity（目标转速运动指令块）	
8	MC_MoveJog（点动指令块）	
9	MC_WriteParam（写入工艺对象参数）	
10	MC_ReadParam（读取工艺对象参数）	

  任务实施

（1）根据接线图（图 4-1）和端口分配表（表 4-2）进行导线连接，并且套上号码管，避免混乱。

（2）按接线图进行布线和套编码套管。做到布线横平竖直、整齐、分布均匀、紧贴安装面、走线合理；套编码套管要正确；严禁损伤线心和导线绝缘；接点牢靠，不得松动，不得压绝缘层，不反圈及不露铜过长等。

（3）设置细分和输出电流。

（4）按照任务书的要求，根据运动控制指令和参数说明表（表4-4）进行程序的编写。

（5）通电调试。

检查评估

1. 自检

安装完毕的控制电路板必须按要求进行认真检查，确保无误后才允许通电试车。

（1）主电路接线检查。按电路图或接线图从电源端开始，逐段核对接线有无漏接、错接之处，检查导线接点是否符合要求、压接是否牢固，以免带负载运行时产生闪弧现象。

（2）控制电路接线检查。用万用表电阻挡检查控制电路接线情况。

2. 交验合格后，通电试车

出现故障后，学生应独立进行检修。当需带电检查时，必须有教师在现场监护。

通电时，必须经指导教师同意后再接通电源，并需要教师在现场进行监护。

接通三相电源 L1、L2、L3，合上电源开关 QS，用电笔检查熔断器出线端，氖管亮说明电源接通。按下点动按钮，步进电动机能够上下运行；按下复位按钮，步进电动机能够回到原点；按下自动运行按钮，步进电动机能够根据任务要求进行自动运行。若有异常，则立即停车检查。

3. 通电试车完毕，停转、切断电源

先拆除三相电源线，再拆除电动机负载线。

4. 检查评估

工作质量检查内容如表4-5所示。

表 4-5　工作质量检查表

序号	检查项目	检查标准	学生自检	教师检查
1	教师提问	回答认真、标准		
2	布局和结构	布局合理、结构紧凑、控制方便、美观大方		
3	元器件的排序和固定	排列整齐，元器件固定可靠、牢固		
4	布线	横平竖直，转弯成直角，少交叉；多根导线并拢平行走		
5	接线	接线正确、牢固，敷线平直、整齐，无裸露、压皮，绝缘性能好，外形美观		

学习笔记

序号	检查项目	检查标准	学生自检	教师检查
6	整个电路	没有接出多余线头，每条线按要求接，每条线都没有接错		
7	元器件安装	元器件安装正确		
8	电路是否可以正常工作	步进电动机能够根据控制要求进行正常工作		
9	会用仪表检查电路	会用万用表检查控制电路和元器件的安装是否正确		
10	故障排除	能够排除控制电路的常见故障		
11	工具的使用和原材料的用量	工具使用合理、准确、摆放整齐，用后归放原位；节约使用原材料，不浪费		
12	安全用电	注意安全用电，不带电作业		
检查评价	班级		第　组	组长签字	
	教师签字		日期		
	评语：				

工艺对象中设置步进电机回原点

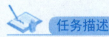

任务二 数控机床主轴系统调试

任务描述

某数控机床厂家制造一台卧式车床，模拟主轴，采用变频器+三相变频交流电机控制。

任务目标

※知识目标

（1）掌握变频器的工作原理和对应参数的设置。

（2）掌握变频器与 PLC 之间通信协议的设置。

※技能目标

（1）能够根据接线图绘制端口分配表并且进行接线。

（2）会根据任务书的要求对变频器进行运动控制。

※素养目标

（1）爱党爱国，拥护党的基本路线和方针政策，具有坚定正确的政治方向，事业心强，有奉献精神。

（2）具有正确的世界观、人生观、价值观，遵守相关法律法规、标准和管理规定，为人诚实、正直、谦虚、谨慎，具有较强的社会责任感和良好的职业道德。

（3）培养学生工匠精神和职业道德，具有安全意识和自我提高的综合素质。

任务分析

数控机床主轴控制系统根据机床性能一般有变频控制与串行控制两种方式，如经济型数控机床主轴控制通常采用变频调速控制；数控铣、加工中心主轴控制通常采用交流主轴驱动器来实现主轴串行控制。主轴采用通用变频器调速时只能进行简单的速度控制，它利用数控系统输出模拟量电压作为变频器速度控制信号，通过数控系统 PMC 程序为变频器提供正反转信号，从而控制电动机实现正反转。在实际生产中，很多经济型数控机床主轴都采用通用变频器调速或专用变频器调速方式，本项目主要介绍主轴采用通用变频器调速方式时的调试方法。

变频器控制电路接线如图 4-3 所示。

知识准备

4.4 对主轴驱动的要求

随着数控机床的不断发展，传统的主轴驱动方式已不能满足要求，现代数控机床对主传动提出了更高的要求。

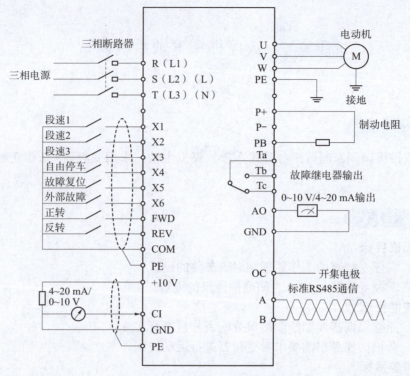

图 4-3　变频器控制电路接线

（1）数控机床主传动要有较宽的调速范围，以保证加工时选用合理的切削用量，从而获得最佳的生产率、加工精度和表面质量。特别是对于具有多工序自动换刀的数控机床加工中心来说，为适应各种刀具、工序及各种材料的要求，对主轴的调速范围要求更高。

（2）数控机床主轴的变速是依指令自动进行的，要求能在较宽的转速范围内进行无级调速，并减少中间传递环节，简化主轴箱。

（3）要求主轴在整个速度范围内均能提供切削所需的功率，并尽可能在全速度范围内提供主轴电动机的最大功率，即恒功率范围要宽。由于主轴电动机在低速段均为恒转矩输出，为满足数控机床低速、强力切削的需要，常采用分段无级变速的方法，即在低速段采用机械减速装置，以提高输出转矩。

（4）要求主轴在正、反向转动时均可进行自动加减速控制，要求有四象限的驱动能力，并且加减速时间短。

（5）为满足加工中心自动换刀（ATC）及某些加工工艺（如精镗孔时退刀、刀具通过小孔镗大孔等）的需要，要求主轴具有高精度的准停控制。

（6）在车削中心上，还要求主轴能具有旋转进给轴（C 轴）的控制功能。主轴变速分为有级变速、无级变速及分段无级变速 3 种形式，其中有级变速仅用于经济型数控机床上，大多数数控机床均采用无级变速或分段无级变速的方法。

为满足上述要求，早期数控机床多采用直流主轴驱动系统，但由于直流电动机使用机械换向，其使用和维护都较麻烦，并且其恒功率调速范围较小。20 世纪 80年代后，随着微处理器技术、控制理论和大功率半导体技术的发展，交流驱动系统进入实用化阶段，现在绝大多数数控机床均采用笼型感应交流电动机配置矢量变换变频调速系统的主轴驱动系统，这是因为，一方面笼型感应交流电动机不像直流电动机那样在高速、大功率方面受到限制，另一方面交流主轴驱动的性能已达到直流驱动系统的水平，甚至在噪声方面还有所降低。但是，在现有的数控机床上，直流主轴驱动应用的也很多。

4.5 主轴驱动装置的接口

编程回原点-PLC 程序

主轴驱动装置的接口与进给驱动装置有许多类似之处。进给驱动装置具备的接口，在主轴驱动装置上一般都可以找到，只是不同厂家、不同档次的主轴驱动装置所包含的接口类型不同，例如，主轴伺服装置的接口类型比变频器的接口要丰富；具备矢量控制功能的变频器又比简易型变频器接口丰富。不同的是：进给驱动装置主要工作在位置控制模式下，而主轴驱动装置主要工作在速度控制模式下；同一台数控机床上主轴输出功率比进给轴输出功率要大得多。因此，在接口上，主轴驱动装置又具有自身的特点。

图 4-4 所示为主轴驱动装置（变频器）基本接口图，它采用三相交流 380 V 电源供电；速度指令由 3、4 脚输入（图 4-4 中通过电位器从单元内部获得，在数控机床上一般由数控装置或 PLC 的模拟量输出接口输入），指令电压范围是直流 0~10 V；主轴电动机的启动/停止及旋转方向由外部开关 S1、S2 控制，当 S1 闭合时电动机正转，当 S2 闭合时电动机反转，若 S1、S2 同时断开或闭合，则电动机停止。也可以定义为 S1 控制电动机的启动和停止，S2 控制电动机的旋转方向。变频器根据输入的速度指令与运行状态指令输出相应频率和幅值的交流电源，控制电动机旋转。

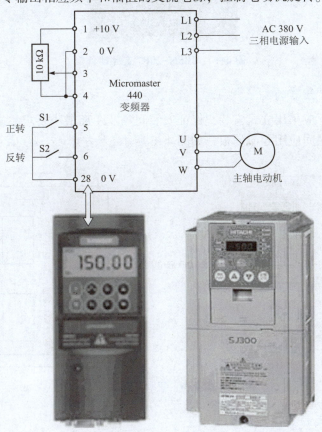

图 4-4　主轴驱动装置（变频器）基本接口图

4.6 VB5N 变频器的安装

信捷 VB5N 变频器是信捷公司高性能、简易型、低噪声的变频器，在提高稳定性的前提下增加了实用的 PI 调节，具备灵活的输入/输出端子、参数在线修改、定长控制、摆频控制、RS485 控制、现场总线控制等一系列实用先进的运行、控制功能，为设备制造和终端客户提供了集成度高的一体化解决方案。VB5N-20P7 变频器外形如图 4-5 所示。该变频器额定参数为：电源电压 220 V，单相交流，额定输出功率 0.75 kW，额定输出电流 4.7 A。

图 4-5　VB5N-20P7 变频器外形

1. VB5N 变频器的安装

一般情况下应采用立式安装，保证安装间隔及距离最小要求，多台变频器采用上下安装时，中间应用导流隔板，如图 4-6 所示。

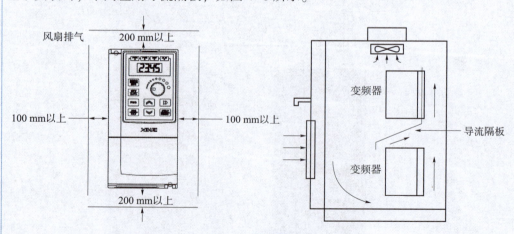

图 4-6　变频器安装

2. VB5N 变频器操作面板

VB5N 变频器的操作面板及控制端子可对电动机的启动、调速、停机、制动、

116 数控机床电气控制（第 4 版）

运行参数设定及外围设备等进行控制，操作面板外观如图4-7所示。

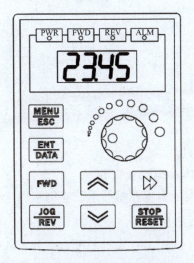

图4-7　VB5N变频器操作面板外观

VB5N变频器操作键盘上设有8个按键和1个模拟电位器，功能如表4-6所示。

表4-6　VB5N变频器操作键盘功能

按键	名称	功能说明
FWD	正向运行键	在操作键盘方式下，按该键即可正向运行
STOP RESET	停止/复位键	变频器在正常运行状态时，如果变频器的运行指令通道设置为面板停机有效方式，则按下该键，变频器将按设定的方式停机。变频器在故障状态时，按下该键将复位变频器，返回到正常的停机状态
MENU ESC	编程/退出键	进入或退出编程状态
JOG REV	点动/反向运行键	P3.45=0，点动运行；P3.45=1，反转运行
⌃	增加键	数据或功能码递增
⌄	减少键	数据或功能码递减
▷▷	移位/监控键	在编辑状态时，可以选择设定数据的修改位；在其他状态下，可切换显示状态监控参数
ENTER DATA	存储/切换键	在编程状态时，用于进入下一级菜单或存储功能码数据
◠	模拟电位器	当P0.01=0，选择键盘模拟电位器给定时，调节该模拟电位器，可以控制变频器的输出频率

 计划决策

（一）工作准备

1. 工具、仪表及器材

（1）工具：测电笔、十字螺丝刀、一字螺丝刀、电工钳、尖嘴钳、斜口钳、剥线钳、电工刀等。

（2）仪表：万用表一只。

（3）导线规格：紧固体及编码套管等。

（4）器材：YL-36A 型可编程控制器系统应用实训考核装置。

2. 端口分配表

根据控制电路接线图，列出 I/O 端口分配表，并写入表 4-7 中。

表 4-7　I/O 端口分配表

输入		输出	

（二）参数

写出通信控制变频器的参数并填入表 4-8 中。

表 4-8　通信控制变频器的参数

参数号	出厂值	设置值	说明
P3.01			
P0.01			
P0.03			
P0.17			
P0.18			
P3.09			
P3.10			

通过 ModbusRTU 控制变频器需要设置变频器的 3 个关键参数：P0.01、P0.03 和 P3.09。参数 P0.01 是设置变频器的运行频率给定通道选择；参数 P0.03 是设置变频器运行命令通道选择；参数 P3.09 是设置变频器通信的相关参数，包括通信的波特率、奇偶校验方式、停止位的位数和数据位的位数。

（三）通信指令

列出需要使用到的 S7-1200ModbusRTU 通信指令，并且对使用到的参数进行说明，填写表4-9。

表4-9　S7-1200ModbusRTU 通信指令

序号	S7-1200ModbusRTU 通信指令	参数说明
1	Modbus_Comm_Load 指令	
2	Modbus_Master 指令	
3	Modbus_Slave 指令	

 任务实施

（1）根据接线图（图4-3）和端口分配表（表4-7）连接导线，并套上号码管，避免混乱。

（2）按接线图（图4-3）进行板前明线布线和套编码套管。做到布线横平竖直、整齐、分布均匀、紧贴安装面、走线合理；套编码套管要正确；严禁损伤线心和导线绝缘；接点牢靠，不得松动，不得压绝缘层，不反圈及不露铜过长等。

（3）设置变频器的参数。

（4）按照任务书的要求，根据通信指令和参数说明表进行程序编写。

（5）通电调试。

 检查评估

1. 自检

安装完毕的控制电路板必须按要求认真检查，确保无误后才允许通电试车。

（1）主电路接线检查。按电路图或接线图从电源端开始，逐段核对接线有无漏接、错接之处，检查导线接点是否符合要求、压接是否牢固，以免带负载运行时产生闪弧现象。

（2）控制电路接线检查。用万用表电阻挡检查控制电路接线情况。

2. 交验合格后，通电试车

出现故障后，学生应独立进行检修。当需带电检查时，必须有教师在现场监护。

通电时，必须经指导教师同意后再接通电源，并需要教师在现场进行监护。

接通三相电源 L1、L2、L3，合上电源开关 QS，用电笔检查熔断器出线端，氖管亮说明电源接通。按下点动按钮，变频器控制电动机能够左右运行；按下复位按钮，变频器控制电动机能够回到原点；按下自动运行按钮，变频器控制电动机能够根据任务要求进行自动运行。若有异常，则立即停车检查。

3. 通电试车完毕，停转、切断电源

先拆除三相电源线，再拆除电动机负载线。

4. 检查评估

工作质量检查内容如表4-10所示。

表4-10　工作质量检查表

序号	检查项目	检查标准	学生自检	教师检查
1	教师提问	回答认真、标准		
2	布局和结构	布局合理、结构紧凑、控制方便、美观大方		
3	元器件的排序和固定	排列整齐，元器件固定可靠、牢固		
4	布线	横平竖直，转弯成直角，少交叉；多根导线并拢平行走		
5	接线	接线正确、牢固，敷线平直、整齐，无漏洞、反圈、压胶，绝缘性能好，外形美观		
6	整个电路	没有接出多余线头，每条线按要求接，每条线都没有接错		
7	元器件安装	元器件安装正确		
8	电路是否可以正常工作	变频器控制电动机能够按照任务要求进行正常工作		
9	会用仪表检查电路	会用万用表检查电路和元器件的安装是否正确		
10	故障排除	能够排除电路的常见故障		
11	工具的使用和原材料的用量	工具使用合理、准确、摆放整齐，用后归放原位；节约使用原材料，不浪费		
12	安全用电	注意安全用电，不带电作业		

检查评价	班级		第　　组	组长签字	
	教师签字		日期		
	评语：				

课后习题与答案

习 题

一、填空题

1. 常用的数控机床检测装置有_____、_____、旋转变压器、感应同步器等。

2. 根据内部结构和检测方式，编码器可以分为_____、_____和电磁式 3 种类型。

3. 光栅的分辨率一般优于_____，其次是_____。（提示：几种检测装置）

4. 检测环节包括_____和_____，其作用是将速度位移等被测参数的经过一系列转换由物理量转换为计算机所能识别的代码，送入 CNC 装置中。

5. 伺服系统是数控机床的执行机构，它包括_____和_____两大部分。

6. 光栅装置的结构由_____、_____两部分组成。

7. 步进电动机是将_____转换成_____的执行电器。

8. 数控伺服系统由_____和_____组成。

9. 步进电动机驱动装置主要是通过_____控制来设置步进电动机的。

10. 旋转变压器是一种常用的转角检测元件，从其结构来看，它由_____和_____两个部分组成。

11. 步进式伺服驱动系统是典型的开环控制系统，在此系统中执行元件是_____。

12. 光栅是利用_____原理进行工作的位置反馈检测元件。若光栅栅距 $d = 0.01$ mm，光栅指示光栅与标尺光栅夹角 $\theta = 0.01$ rad，则可得莫尔条纹宽度 $W = _____$ mm。

二、判断题

1. （　　）全闭环伺服系统所用位置检测元件是光电脉冲编码器。

2. （　　）步进电动机驱动电路是直流稳压电源。

3. （　　）数控机床的电气控制系统由驱动电路和伺服电动机两个部分组成。

4. （　　）目前，交流伺服驱动系统已完全取代直流伺服驱动系统。

5. （　　）数控机床电气控制系统的发展与数控系统、伺服系统、可编程序控制器发展密切相关。

6. （　　）莫尔条纹起到放大作用和平均误差作用。

7. （　　）光栅的分辨率一般是低于编码器的。

8. （　　）脉冲当量决定了伺服系统的位移精度，因此脉冲当量越大，位移精度越高。

9. （　　）步进电动机的步距角越大，控制精度越高。

10. （　　）从减小伺服驱动系统的外形尺寸和提高可靠性的角度来看，采用直流伺服驱动比交流伺服驱动更合理。

11. （　　）半闭环控制数控机床的检测装置可以直接检测工作台的位移量。

12. （　　）对控制介质上的程序进行译码的装置是伺服系统。

13. （　　）伺服系统跟随误差越小，响应速度越快。

三、选择题

1. 开环控制系统以（　　）作为驱动元件。

A. 直流伺服电动机　　　　　　　　B. 交流伺服电动机

C. 步进电动机

2. 闭环控制系统与半闭环控制系统的主要区别在于（　　）。

A. 使用的软件不同　　　　　　　　B. 控制装置不同

C. 对工作台实际位置检测不同

3. 使用闭环测量与反馈装置的作用是为了（　　）。

A. 提高机床的安全性　　　　　　　B. 提高机床的使用寿命

C. 提高机床的定位精度、加工精度　　D. 提高机床的灵活性

4. 数控机床的性能很大程度上取决于（　　）的性能。

A. 计算机运算　　B. 伺服系统　　C. 位置检测系统　　D. 机械结构

5. 数控机床主轴用三相交流电动机驱动时采取（　　）方式最佳。

A. 调频和调压　　B. 变级和调压　　C. 调频和变级　　D. 调频

6. 功率步进电动机一般在（　　）作为伺服驱动单元。

A. 开环　　　　　B. 半闭环　　　　C. 闭环　　　　　D. 混合闭环

7. 在光栅装置中，可以随运动部件一起运动的是（　　）。

A. 指示光栅　　　B. 标尺光栅　　　C. 光栅读数头　　D. 光敏元件

8. 数控机床的位置检测装置中，（　　）属于旋转型检测装置。

A. 感应同步器　　B. 脉冲编码器　　C. 光栅　　　　　D. 磁栅

9. 数控装置将所接收的信号进行一系列处理后，再将其处理结果以（　　）形式向伺服系统发出执行指令。

A. 输入信号　　　B. 脉冲信号　　　C. 位移信号

10. 下面哪种检测装置不是基于电磁感应原理？（　　）

A. 感应同步器　　B. 旋转变压器　　C. 光栅　　　　　D. 电磁式编码盘

11. 下面哪种检测装置的检测精度高，且可以安装在油污或灰尘较多的场合？（　　）

A. 感应同步器　　B. 旋转变压器　　C. 磁栅　　　　　D. 光栅

12. 下述能对控制介质上的程序进行译码的装置是（　　）。

A. 数控装置　　　B. 伺服系统　　　C. 机床　　　　　D. 测量装置

13. 下面哪种检测装置既可测量线位移又可测量角位移？（　　）

A. 旋转变压器　　B. 感应同步器　　C. 光栅　　　　　D. B 和 C

14. 下列哪种数控系统没有检测装置？（　　）

A. 开环数控系统　　　　　　　　　B. 全闭环数控系统

C. 半闭环数控系统　　　　　　　　D. 以上都不正确

15. 若光栅栅距 $d=0.01$ mm，指示光栅与标尺光栅夹角 $\theta=0.01$ rad，则可得莫尔条纹宽度 $W=$（　　　）。

A. 0.01 mm　　　　B. 1 mm　　　　C. 10 mm　　　　D. 100 mm

四、简答题

1. 简述伺服系统的组成。
2. 简述伺服系统的定义。
3. 数控机床对伺服驱动系统的要求有哪些？
4. 位置检测装置在数控机床控制中的主要作用是什么？
5. 数控机床对检测元件的要求有哪些？
6. 脉冲编码器的作用是什么？

模拟量控制
视觉单元运行

答　案

一、填空题

1. 光栅，编码器
2. 接触式，光电式
3. 光电编码器，旋转变压器
4. 检测，反馈
5. 驱动装置，电动机
6. 标尺光栅，光栅读数头
7. 电脉冲信号，机械角位移
8. 进给伺服系统，主轴伺服系统
9. 环形脉冲分配器
10. 定子，转子（定子和转子可以交换顺序）
11. 步进电动机
12. 光学（或光电），1

二、判断题

1. ×　2. ×　3. ×　4. ×　5. √　6. ×　7. ×　8. ×　9. ×　10. ×
11. ×　12. ×　13. √

三、选择题

1. C　2. C　3. C　4. B　5. A　6. A　7. B　8. B　9. B　10. C
11. C　12. B　13. D　14. A　15. B

四、简答题

1.（1）驱动装置；（2）执行元件；（3）传动机构；（4）检测元件及反馈电路。

2. 数控机床伺服系统是以机械位移为直接控制目标的自动控制系统，也可称为位置随动系统，简称为伺服系统。

3.（1）调速范围要宽；（2）定位精度要高；（3）快速响应，无超调；（4）低速大转矩，过载能力强；（5）可靠性高。

4. 位置检测元件是闭环（半闭环、闭环、混合闭环）进给伺服系统中重要的

组成部分，它用于检测机床工作台的位移、伺服电动机转子的角位移和速度。

5. （1）寿命长，可靠性要高，抗干扰能力强；（2）满足精度、速度和测量范围的要求；（3）使用维护方便，适合机床的工作环境；（4）易于实现高速的动态测量和处理，易于实现自动化；（5）成本低。

6. 脉冲编码器是一种旋转式脉冲发生器，它把机械转角变成电脉冲，是一种常用的角位移传感器。编码器除可以测量角位移外，还可以通过测量光电脉冲的频率来测量转速。如果通过机械装置，将直线位移转变成角位移，则还可以测量直线位移。

项目五 PLC 及其在数控机床电气控制中的应用

任务一 电动机正反转 PLC 控制电路装调

任务描述

在工业应用领域，很多运动部件都需要两个相反方向的运动，如刀具的进刀/退刀、铣床的顺铣/逆铣、工作台的上升/下降等，类似功能的实现，多数情况下是依靠电动机的正反转实现的，本任务将学习电动机正反转 PLC 控制电路的安装与调试。

任务目标

※**知识目标**

（1）理解可编程控制器的产生和定义。

（2）理解可编程控制器的特点、分类及应用。

（3）掌握梯形图的特点及设计规则。

（4）调研市场主流合资品牌和国产品牌 PLC 的产品性能、市场占有率。

※**技能目标**

（1）能够分析交流电动机正反转 PLC 控制工作原理，能正确识读电路图、装配图。

（2）会按照工艺要求安装交流电动机正反转 PLC 控制电路。

（3）能按照控制要求编写程序并调试运行。

（4）能根据故障现象，检修交流电动机正反转 PLC 控制电路。

（5）完成市场主流合资品牌和国产品牌 PLC 的产品性能、市场占有率对比数据分析。

※**素养目标**

（1）培养学生的安全生产意识。

（2）提升学生的创新意识和团结合作的精神。

（3）培养学生能够自主学习的能力。

任务分析

1. 电动机正反转连续运行 PLC 控制主电路

PLC 完成电动机正反转连续运行控制功能依靠的是对控制电路的改造，而其主电路与传统的继电器接触器控制电动机的正反转连续运行控制的主电路相同，其电路图与项目一任务二电动机双向控制电路装调电路图相同，如图1-25所示。

2. 电动机的正反转连续运行PLC控制电路

图5-1（a）所示为电动机的正反转连续运行PLC的I/O硬件接线图，其中输入设备的电源采用24 V直流，如果其他项目中的输入设备包含其他电压等级或电压类型的传感器，则不能简单地采用24 V直流，需根据实际情况具体实现。图5-1（a）中熔断器FU的主要作用是保护PLC和输出设备，一般情况下不可省略。输出设备中的电源类型及等级是由负载决定的，本任务中的接触器采用额定电压为交流110 V的交流接触器，因此，电源电压采用交流110 V。电动机正反转控制电路及梯形图如图5-1所示。

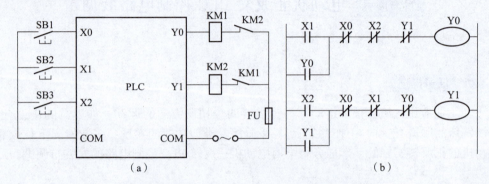

图5-1　电动机正反转控制电路及梯形图
（a）PLC外部接线图；（b）正反转控制功能的梯形图

知识准备

数控机床作为自动化控制设备，是在自动化控制下进行工作的，数控机床所受控制可分为两类：一类是最终实现对各坐标轴运动进行的"数字控制"，例如对CNC车床的X轴和Z轴，CNC铣床X轴、Y轴和Z轴的移动距离，各轴运行的插补、补偿等控制；另一类是"顺序控制"，对数控机床来说，"顺序控制"是在数控机床运行过程中，以CNC内部和机床各行程开关、传感器、按钮、继电器等的开关量信号状态为条件，并按照预先规定的逻辑顺序对诸如主轴的启停、换向刀具的更换、工件的夹紧和松开，以及液压、冷却、润滑系统的运行等进行的控制。与"数字控制"相比，"顺序控制"的信息主要是开关量信号。数控系统对信号的控制任务可以由独立的或内置的可编程控制器来完成，因为专用于机床，所以又称可编程机床控制器（PMC）。PMC与传统的PLC非常相似，但它更适合机床。PMC的优点是时间响应快、控制精度高、可靠性好、控制程序可随应用场合的不同而改变、与计算机连接便利及维修方便。

5.1　可编程控制器概述

5.1.1　可编程控制器的产生和定义

可编程控制器是微型计算机技术与继电器常规控制技术相结合的产物，是在顺序控制器的基础上发展起来的新型控制器，是一种以微处理器为核心用作数字控制的专用计算机。

20世纪60年代，生产过程及各种设备的控制主要依靠继电接触器控制系统。继电接触器控制简单、实用，但存在着明显的缺点：设备体积大、可靠性差、动作速度慢、功能少、难于实现较复杂的控制，特别是它靠硬连线逻辑构成的系统，接线复杂，一旦动作顺序或生产工艺发生变化，就必须进行重新设计、布线、装配和调试，因此通用性和灵活性较差。生产上迫切需要一种使用方便灵活、性能完善、工作可靠的新一代生产过程自动控制系统。

1968年美国通用汽车公司（GM）提出了公开招标研制新型的工业控制器设想。1969年美国数字设备公司（DEC）研制开发出世界上第一台可编程控制器，并在GM公司汽车生产线上首次应用成功。在这一时期，可编程控制器虽然采用了计算机的设计思想，但实际上只能完成顺序控制，仅有逻辑运算、定时、计数等顺序控制功能。

20世纪70年代末至80年代初，微处理器技术日趋成熟，使可编程控制器的处理速度大大提高，增加了许多特殊功能，如浮点运算、函数运算、查表等。这样可编程控制器不仅可以进行逻辑控制，还可以对模拟量进行控制。因此，美国电气制造协会（National Electrical Manufacturers Association，NEMA）将其正式命名为可编程控制器（Programmable Controller，PC）。但由于PC已成为个人计算机（Personal Computer）的代名词，为了不与之混淆，人们习惯上仍将可编程控制器称为PLC（尽管这是早期的名称）。

20世纪80年代后，随着大规模和超大规模集成电路等微电子技术的迅猛发展，以16位和32位微处理器构成的微机化可编程控制器得到了惊人的发展，使PLC在概念、设计、性能、价格及应用等方面有了新的突破。可编程控制器具有高速计数、中断技术、PID控制等功能，同时远程I/O和网络通信、数据处理、系统监控等功能也得到了加强。经过几十年的发展，PLC已成为自动化技术的三大支柱（PLC、机器人和CAD/CAM）之一，被广泛应用于机械、冶金、化工、交通、电力等领域中。

为使这一新型工业控制装置的生产和发展规范化，1982年国际电工委员会（IEC）制定了PLC的标准，在1987年2月颁布的第三稿中对可编程控制器的定义是："可编程控制器是一种数字运算操作的电子系统，专为在工业环境下应用而设计。它采用可编程的存储器，用来在其内部存储执行逻辑运算、顺序控制、定时、计数和算术运算等操作命令，并通过数字式，模拟式的输入和输出，控制各种类型的机械或生产过程。可编程控制器及其有关的设备，都应按易于与工业控制系统联成一个整体，易于扩充功能的原则而设计。"

定义强调了可编程控制器应直接应用于工业环境，它必须具有很强的抗干扰能力、广泛的适应能力和应用范围，这也是它区别于一般微机控制系统的一个重要特征。

5.1.2 可编程控制器的特点

1. 高可靠性

微机虽然具有很强的功能，但抗干扰能力差。工业现场的电磁干扰、电源波动、机械振动、温度和湿度的变化，都可以使一般通用微机不能正常工作。而 PLC 是专为工业环境应用而设计的，故对于可能受到的电磁干扰、高低温及电源波动等影响，已在 PLC 硬件及软件的设计上采取了措施。如在硬件方面采用了模块式的结构，对易受干扰影响工作的部件（如 CPU、编程器、电源变压器等）采取了电和磁的屏蔽；对 I/O 口采用光电隔离；对电源及 I/O 口电路采用了多种滤波等。而在软件方面采用故障检测、诊断、信息保护和恢复，并使用程序驱动故障指示等，使 PLC 的可靠性大大提高。

2. 结构简单应用灵活

PLC 在硬件结构上采用模块化积木式结构，各种输入/输出信号模块、通信模块及一些特殊功能模块品种齐全，针对不同的控制对象，可以方便灵活地组合成不同要求的控制系统。其硬件接线简单，一般不需要很多配套的外围设备。

3. 编程方便易于使用

PLC 采用了与继电接触器控制电路有许多相似之处的梯形图作为主要的编程语言，程序形象直观，指令简单易学，编程步骤与方法容易理解和掌握，不需要专门的计算机知识和语言，只要具有一定的电工和工艺知识的人员都可在短时间内学会。

4. 功能完善

PLC 具有很强的对数字量和模拟量的处理功能，如逻辑运算、算术运算、特殊函数运算等；PLC 具有常用的控制功能，如 PID 闭环回路控制、中断控制、矩阵运算等；PLC 可以扩展特殊功能，如高速计数、电子凸轮控制、伺服电机定位等；PLC 可以组成多种工业网络实现数据传送、上位监控等功能。

由于可编程控制器具有以上功能和特点，因此 PLC 现已发展成为一种首选的工业控制设备。

目前，世界上一些著名电器生产厂家几乎都在生产 PLC，产品功能日趋完善、换代周期越来越短。为了进一步扩大 PLC 在工业自动化生产领域的应用范围，适应大、中、小型企业的不同需要。PLC 产品大致向两个方向发展，小型 PLC 向体积缩小、功能增强、速度加快、价格低廉的方向发展，使之能更加广泛地取代继电接触器控制系统，更便于实现机电一体化；大、中型 PLC 向高可靠性、高速度、多功能、网络化的方向发展，将 PLC 系统的控制功能和信息管理功能融为一体，使之能对大规模、复杂系统进行综合性的自动控制。

目前，在我国应用较多的国外 PLC 及其生产厂家如表 5-1 所示。

表 5-1　常见国外 PLC 及其生产厂家

生产厂家	产品型号
日本立石（OMRON）公司	C 系列
日本三菱电动机（MITSUBISHI）公司	F 系列 F1、F2 系列、K 系列
日本日立公司	EH
美国 AB（Alien-Bradley）公司	SLC-500PLC-2、3、5 系列

生产厂家	产品型号
美国歌德（GOULD）公司	M84
美国西屋电器（WESTLNGHOUSE）公司	PC-7009001100
美国通用电气（GE）公司	GE-Ⅰ、Ⅲ、Ⅴ、GE-IJ
德国西门子（SIEMENS）公司	S5 系列、S7 系列

5.1.3 可编程控制器的分类

为满足工业控制要求，PLC 的生产制造商不断推出具有不同层次性能和内部资源的 PLC，形式多样。在对 PLC 进行分类时，通常采用以下 3 种方法。

1. 按照 I/O 点数容量分类

按照 PLC 的输入/输出点数、存储器容量和功能分类，可将 PLC 分为小型机、中型机和大型机。

（1）小型机。小型 PLC 的功能一般以开关量控制为主，其输入/输出总点数一般在 256 点以下，用户存储器容量在 4 KB 以下。现在的高性能小型 PLC 还具有一定的通信能力和少量的模拟量处理能力。这类 PLC 的特点是价格低廉、体积小巧，适用于单机或小规模生产过程的控制。

典型的小型机有西门子公司的 S7-200 系列、OMRON 公司的 C 系列 P 型机、AB 公司的 SLC-500 系列和 MITSUBISH 公司的 FX 系列等。

（2）中型机。中型 PLC 的输入/输出总点数为 256~2 000 点，用户存储器容量为 2~64 KB。中型 PLC 不仅具有开关量和模拟量的控制功能，还具有更强的数字计算能力，它的通信功能和模拟量处理能力更强大。中型机的指令比小型机更丰富，适用于复杂的逻辑控制系统及连续生产过程的过程控制场合。

典型的中型机有西门子公司的 S7-300 系列、OMRON 公司的 C200H 系列、AB 公司的 PLC-5/10 系列等。

（3）大型机。大型 PLC 的输入/输出总点数在 2 000 点以上，用户存储器容量为 32 KB 至几兆字节。大型 PLC 的性能已经与工业控制计算机相当，它具有非常完善指令系统的支持软件，具有齐全的中断控制、过程控制、智能控制和远程控制功能，通信功能十分强大，向上可与上位监控机通信，向下可与下位计算机、PLC、数控机床、机器人等通信。其适用于大规模过程控制、分布式控制系统和工厂自动化网络。

典型的大型机有西门子公司的 S7-400 系列、OMRON 公司的 CV 系列、AB 公司的 PLC-5/250 等。

以上划分没有一个十分严格的界限，随着 PLC 技术的飞速发展，某些小型 PLC 也具有中型或大型 PLC 的功能，这也是 PLC 的发展趋势。

2. 按照结构形式分类

根据 PLC 结构形式的不同，PLC 主要可分为整体式和模块式两类。

（1）整体式结构。整体式结构的特点是将 PLC 的基本部件，如 CPU、输入/输出部件、电源等集中于一体，装在一个标准机壳内，构成 PLC 的一个基本单元（主机）。为了扩展输入/输出点数，基本单元上设有标准端口，通过扩展电缆可与扩展单元相连，以构成 PLC 不同的配置。整体式结构的 PLC 体积小、成本低、安装方便。小型 PLC 一般为整体式结构。

（2）模块式结构。模块式结构的 PLC 由一些独立的标准模块构成，如 CPU 模块、输入模块、输出模块、电源模块和各种功能模块等，用户可根据控制要求，选用不同档次的 CPU 和各种模块，将这些模块插在机架上或基板上就构成需要的 PLC 系统。模块式结构的 PLC 配置灵活、装配和维修方便，便于功能扩展。大、中型 PLC 通常采用这种结构。

3. 按照使用情况分类

按照使用情况分类，PLC 可分为通用型和专用型。

（1）通用型。通用型 PLC 可供各工业控制系统选用，通过不同的配置和应用软件的编写可满足不同的需要，表 5-1 所列举的型号均为通用型 PLC。

（2）专用型。专用型 PLC 是为某类控制系统专门设计的 PLC，如数控机床专用型 PLC，产品有美国 AB 公司的 8200CNC、8400CNC，日本 FANUC 公司的 PMC 系列，德国西门子公司的专用型 PLC 等。

5.1.4 梯形图的特点及设计规则

绘制梯形图时要遵循以下规则和设计技巧。

（1）梯形图按自上而下、从左到右的顺序排列。每个继电器线圈为一个逻辑行，各逻辑行中所有触点全画在线圈的左边。线圈的右边不能有触点符号。

（2）所有线圈或触点的文字符号一律按现场设备信号和 PLC 软继电器编号对照表中分配的 PLC 数据标出。

（3）在每一逻辑行中，几个支路并联时，串联触点多的支路应画在上面；几个并联支路串联时，应将并联触点多的电路画在左边。否则会导致语句增多、程序变长，如图 5-1 所示。

（4）梯形图中，不允许一个触点上有双向电流通过，如图 5-1（a）所示。触点 E 上有双向电流通过，该梯形图不可编程，应根据其逻辑功能做适当的等效变换，如图 5-1（b）所示。

5.1.5 典型单元梯形图分析

1. 正反转控制电路

PLC 外部接线图如图 5-1（a）所示，其中 SB1 为总停按钮，SB2、SB3 为正、反转启动按钮，KM1、KM2 为正、反转接触器。

实现电动机正反转控制功能的梯形图如图 5-1（b）所示。该梯形图是在两个启动、保持、停止的梯形图基础上再加上两者之间的互锁触点所构成的。应该注意的是，虽然在梯形图中已经有了软继电器的互锁触点（X1 与 X2、Y0 与 Y1），但在外部输出电路中还必须使 KM1、KM2 的常闭触点进行互锁。因为 PLC 内部软继电器互锁只相差一个扫描周期，而外部硬件接触器触点的断开时间往往大于一个扫描周期，来不及响应。

2. 长延时电路

大多数 PLC 定时器的延时时间都比较短，无法适应较长延时的需要，为了解决这个问题，常采用扩展法获得较长延时时间的电路。

图 5-2 (a) 所示为采用一个定时器和一个计数器构成的长延时梯形图。当 X0 接通时，定时器 T0 产生周期为 100 的脉冲序列，作为计数器 C0 的计数输入，当 C0 计数时，其常开触点闭合使 Y0 接通。因此，电路的定时时间等于 T0 的定时值与 C0 计数值的乘积，即从 X0 接通到 C0 常开触点闭合，Y0 接通之间的延时时间为 20 000 s。其波形图如图 5-2 (b) 所示。

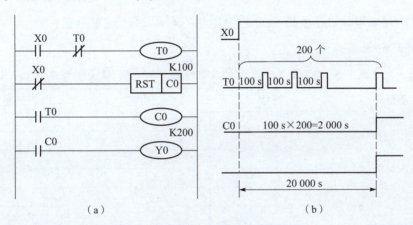

图 5-2　长延时电路

(a) 长延时梯形图；(b) 长延时波形图

当 X0 断开时，则 T0 和 C0 复位，Y0 断开。

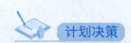 计划决策

S7-1200 基础知识

(一) 工作准备

1. 工具、仪表及器材

(1) 工具：测电笔、十字螺丝刀、一字螺丝刀、电工钳、尖嘴钳、斜口钳、剥线钳、电工刀等。

(2) 仪表：万用表一只。

(3) 导线规格：紧固体及编码套管等。

(4) 器材：控制电路板一块、三菱 FX 系列 PLC 主机一台、PLC 通信电缆一根、计算机一台、编程软件 GX 或 PLC 综合实训台一套。

2. 元器件明细表

制定选用电动机正反转 PLC 控制电路的低压电器方案，制定项目计划单，列出元器件明细，填入表 5-2 中。

表 5-2　元器件明细表

序号	代号	名称	型号规格	数量	备注

（二）完成电动机正反转 PLC 控制电路的输入／输出地址分配

填写表 5-3。

表 5-3　电动机正反转 PLC 控制电路的输入／输出地址分配表

项目	符号	功能	地址
输入设备			
输出设备			

（三）设计电动机正反转 PLC 控制电路的元件接线图

（四）设计电动机正反转 PLC 控制电路的梯形图

任务实施

（1）根据电路图画出位置图及接线图。

（2）按表 5-2 配齐所用电气元件，并进行质量检验。电气元件应完好无损，各项技术指标符合规定要求，否则应予以更换。

电动机点动 PLC
控制−0513

（3）在控制板上按设计的位置图所示安装所有的电气元件，并贴上醒目的文字符号。安装时，组合开关、熔断器的受电端应安装在控制板的外侧；电气元件排列要整齐、匀称、间距合理，且便于电气元件的更换；紧固电气元件时用力要均匀，紧固程度适当，做到既要使电气元件安装牢固，又不使其损坏。

（4）按接线图进行板前明线布线和套编码套管。做到布线横平竖直、整齐、分布均匀、紧贴安装面、走线合理；套编码套管要正确；严禁损伤线心和导线绝缘；接点牢靠，不得松动，不得压绝缘层，不反圈及不露铜过长等。

（5）根据图 1-25 和图 5-1 所示电路图检查控制板布线的正确性。

（6）安装电动机。做到安装牢固、平稳，防止在换向时产生滚动而引起事故。

（7）可靠连接电动机和按钮金属外壳的保护接地线。

（8）启动 GX 软件。

（9）创建新文件。

（10）选择 PLC 机型。

（11）在离线状态下输入程序。

电动机正反转
PLC 控制−0513

（12）程序编译。输入 ED 指令：按"Shift"+"F4"组合键，完成整个程序的编译操作。

（13）程序离线调试。强制 X0 为 1，则 Y0 通电并自锁。

（14）程序在线调试。连接电源、电动机等控制板外部的导线，导线要敷设在导线通道内，并采用绝缘良好的橡皮线进行通电校验。

 检查评估

电动机组的
启停控制

检查与评分表分别如表 5-4 和表 5-5 所示。

表 5-4　检查表

调试遇到的问题或故障	解决方案	效果	结论与收获	解决人员

表 5-5　评分表

评分内容	分值	评分标准	扣分	得分
新知识	10	电动机正反转运行概念不理解	扣 1~5 分	
		互锁概念不理解	扣 1~5 分	
软件使用	30	操作不熟练	扣 1~15 分	
		恢复功能没有掌握	扣 1~15 分	
硬件接线	30	功能键掌握不熟练	扣 1~10 分	
		输入/输出接线图绘制不正确	扣 1~10 分	
		接线图设计缺少必要的保护	扣 1~10 分	
		线路连接工艺差	扣 1~10 分	
功能实现	30	互锁功能没有实现	扣 5 分	
		电动机不能正转	扣 5 分	
		电动机不能反转	扣 5 分	
		电动机不能自锁	扣 5 分	
		电动机不能停止	扣 5 分	
		热继电器动作电动机不能停止	扣 5 分	

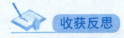 **收获反思**

调研市场主流合资品牌和国产品牌 PLC 的产品性能、市场占有率对比数据，并填写在表 5-6 中。

表 5-6　收获反思

任务二 电动机自动往返 PLC 控制电路装调

任务描述

某企业采用继电接触控制电动机自动往返循环，自动往返循环电路图如图 5-3 所示。请分析该控制电路图的控制功能，并用可编程控制器对其控制电路进行改造。本任务将实现电动机自动往返 PLC 控制电路的安装和调试。

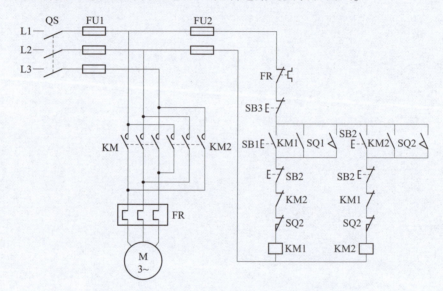

图 5-3　继电接触控制电动机自动往返循环电路图

任务目标

※知识目标

（1）掌握 PLC 的经验设计方法。

（2）理解步进指令及其适用方法。

（3）掌握 PLC 的顺序设计方法。

（4）理解 PLC 在数控机床上的应用。

※技能目标

（1）能够分析交流电动机自动往返 PLC 控制工作原理，能正确识读电路图与装配图。

（2）会按照工艺要求安装交流电动机自动往返 PLC 控制电路。

（3）能按照控制要求编写程序并调试运行。

（4）能根据故障现象，检修交流电动机自动往返 PLC 控制电路。

（5）能够用步进指令编程实现液压动力滑台控制。

（6）撰写本人克服畏难情绪、坚定报国信念的决心与恒心。

※素养目标

搜集钱伟长放弃自己擅长的文科，改学自己不及格的理科，立志报国，终成著名科学家的事迹。

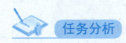

1. 工作台自动往复运行控制主电路

工作台的自动往复运行是依靠电动机的正反转带动相应的传动机构实现的，因此工作台自动往复运行的控制，就是通过 PLC 完成电动机正反转连续运行控制功能，因此其主电路与电动机正反转连续运行控制的主电路完全相同。

2. 工作台自动往复运行控制电路

用 PLC 的控制功能完成相应的工程时首先要分析工程控制要求，熟悉工作过程，然后确定输入/输出地址及功能，接下来绘制 PLC 的 I/O 硬件接线图，编写 PLC 控制程序，最后进行系统的调试。

图 5-4 所示为运料小车系统示意图及 PLC 的 I/O 硬件接线图，其中输入设备的电源采用 24 V 直流，如果其他项目中的输入设备包含其他电压等级或电压类型的传感器，则不能简单地采用 24 V 直流，需根据实际情况选用。图 5-4 中的熔断器 FU 主要是保护 PLC 和输出设备，一般情况下不可省略。输出设备中的电源类型及等级是由负载决定的。图 5-5 所示为运料小车控制系统的梯形图程序。

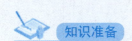

5.2 可编程控制器的程序设计

PLC 在逻辑控制系统中的程序设计法中主要有经验设计法、逻辑设计法（在逻辑设计法中最常用的是顺序设计法）和继电器控制电路移植法 3 种。

5.2.1 经验设计法

经验设计法实际上是在一些典型单元电路（梯形图）的基础上，根据被控对象控制系统的具体要求，不断地修改和完善梯形图，有时需要多次反复修改和调试梯形图后才能得到一个较为满意的结果。

如图 5-4（a）所示，SQ1、SQ2 为运料小车左右终点的行程开关。运料小车在 SQ1 处装料。20 s 后装料结束，开始右行。当碰到 SQ2 后停下来卸料，15 s 后左行，碰到 SQ1 后又停下来装料。这样不停地工作，直到按下停止按钮 SB3。按钮 SB1、SB2 分别是小车右行和左行的启动按钮。

小车控制系统的输入、输出设备与 PLC 的 I/O 端对应连接关系如图 5-4（b）

所示。采用经验设计法对小车控制系统梯形图程序的设计过程是：由于小车右行和左行互为连锁关系，不能同时进行（与电动机正反转控制梯形图一样），因此利用正反转梯形图先画出控制小车左右行的梯形图；另外用两个位置开关 SQ1（X3）、SQ2（X4）的常开触点分别接通装料、卸料输出（Y2、Y3）及装料、卸料时间的定时器（T0、T1），如图 5-5（a）所示；在此基础上为了使小车到达装料、卸料位置能自动停止左行、右行，将 X3 和 X4 的常闭触点分别串入 Y1（左行）和 Y0（右行）的线圈电路中；为了使小车在装料、卸料结束后能自行启动右行、左行，将控制装、卸料时间的定时器 T0 和 T1 的常开触点分别与手动启动右行和左行的X0 和 X1 的常开触点并联。最后可得出如图 5-5（b）所示的梯形图。

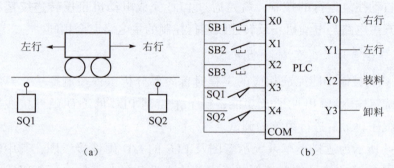

图 5-4　运料小车系统示意图及 PLC 连接图

（a）运料小车系统示意图；（b）输入、输出设备与 PLC 连接图

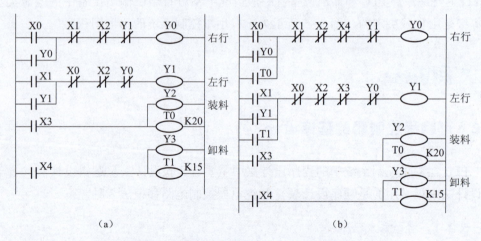

图 5-5　运料小车控制系统的梯形图程序

（a）不完整的梯形图；（b）完整的梯形图

5.2.2　顺序设计法

在工业领域中顺序控制的应用面很广，尤其在机械制造行业，一般均采用顺序控制实现加工的自动循环。PLC 实现顺序控制的方法有多种。在 FX2 系列 PLC 中提供两条步进指令，其目标元件是状态器；采用 SFC 顺序功能图语言，用于编制复杂的顺控程序。

1. 用功能表图描述系统的工作过程

（1）功能表图的组成和种类。图5-6（a）所示为功能表图的一般形式，它主要由工步、转换、转换条件和有向连线及动作等组成。工步在功能表图中用矩形框表示，如图5-6（a）所示框内的数字是该步的编号。编程时一般用PLC内的软继电器来代表各步，如S20。当该步处于活动状态时，称为活动步。控制过程开始阶段的活动步与系统初始状态相对应，称为初始步。在功能表图中，初始步用双线框表示。n代表第n工步的状态，当$n=1$时，执行旁边框内规定的动作；当$n=0$时，则不执行。带箭头的有向连线表示状态转换的路线，按习惯从上到下、从左到右转换时，可省去箭头。有向连线中间的短画线称为转换，旁边的文字（如a、b、c、d）表示转换条件。

顺序控制的特点是：各工步按顺序执行，上一工步执行结束，转换条件成立，立即开通下一步，同时关断上一步。在图5-6（a）中，$n-1=1$是第n步开通的前导信号，待转换条件满足时（$b=1$），第n阶段立即开通（n由0变1），同时关断前一工步（使$n-1=0$）。转换条件b称为切换主令。由此可知，开启第n阶段（$n=1$）的条件有两个：$n-1=1$与$b=1$；关断第$n-1$阶段（使$n-1=0$）的条件是一个：$b=1$或$n=1$（可以认为$n=1$与$b=1$等效）。

图5-6（b）所示为电动机单方向串电阻降压启动电路、停车时串电阻反接制动的功能表图。

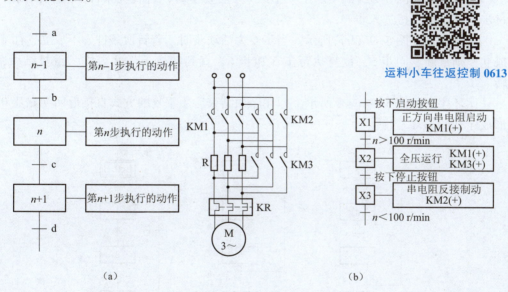

运料小车往返控制 0613

图5-6 功能表图

（a）功能表图的一般形式；（b）电动机启动、制动控制的功能表图

（2）功能表图的结构。根据步与步之间进展的不同情况，功能表图有3种结构。

①单序列，反映按顺序排列的步相继激活的进展情况。

②选择序列，一个活动步之后，紧接着有几个后续步可供选择的结构形式称为选择序列。如图5-7所示，选择序列的各个分支都有各自的转换条件。

③并行序列，当转换的实现导致几个分支同时激活时，采用并行序列。其有向连线的水平部分用双线表示，如图5-8所示。

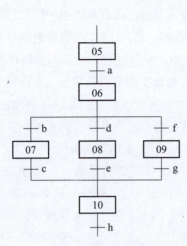

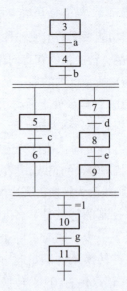

图 5-7　选择序列图　　　　　　　　图 5-8　并列序列

④跳步、重复和循环序列。在实际系统中经常使用跳步、重复和循环序列,这些序列实际上都是选择序列的特殊形式。

跳步序列如图 5-9 (a) 所示。当步 3 为活动步时,若转换条件 e 成立,则跳过步 4 和步 5 直接进入步 6。

重复序列如图 5-9 (b) 所示。当步 6 为活动步时,若转换条件 d 不成立,而 e 成立,则重新返回步 5,重复执行步 5 和步 6,直到转换条件 d 成立,重复结束,转入步 7。

循环序列如图 5-9 (c) 所示,即在序列结束后用重复的方式直接返回初始步 0 形成序列的循环。

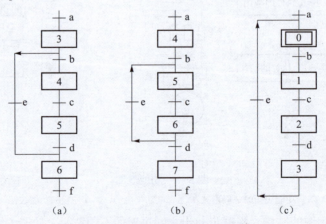

图 5-9　跳步、重复和循环序列

(a) 跳步序列;(b) 重复序列;(c) 循环序列

2. 功能表图设计法

以图 5-10 (a) 所示的液压动力滑台自动循环的控制过程为例,说明用功能表图绘制梯形图的步骤。

（1）根据控制要求绘制功能表图。首先把工作循环分成原位、快进、工进、快退 4 步，且各步之间的转换条件分别为 SB1、SQ2、KP1、SQ1，每一步执行的动作参照图 5-10（b）所示的液压元件动作表，YV1、YV2、YV3 为液压电磁阀，KP1 为压力继电器，当滑台到达终点时（碰到死挡铁），KP1 动作。图 5-10（c）所示为液压动力滑台的功能表图。

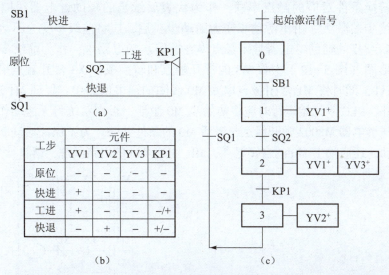

工步	元件			
	YV1	YV2	YV3	KP1
原位	−	−	−	−
快进	+	−	−	−
工进	+	−	−	−/+
快退	−	+	−	+/−

（b）

图 5-10　液压动力滑台

（a）自动工作循环示意图；（b）液压元件动作表；（c）自动循环功能表

（2）编写液压动力滑台输入/输出设备与 PLC 的 I/O 的编号对照表。根据图 5-10（a）所示的液压滑台自动循环控制过程，将启动按钮 SB1，行程开关 SQ1 和 SQ2，压力继电器 KP1，电磁阀 YV1、YV2、YV3，分别与 PLC 的 I/O 点联系起来，其对应关系如表 5-7、表 5-8 所示。

表 5-7　液压动力滑台输入设备与 PLC 的 I 点的编号对照表

输入设备	SB1	SQ1	SQ2	KP1
PLC INPUT	X0	X1	X2	X3

表 5-8　液压动力滑台输出设备与 PLC 的 O 点的编号对照表

输出设备	YV1	YV2	YV3
PLC OUT	Y0	Y1	Y2

（3）编程方式。根据绘制的功能表图来设计 PLC 梯形图的方法，即编程方式。

①用通用逻辑指令的编程方式。所谓通用逻辑指令是指 PLC 最基本的、与触点和线圈有关的指令，如 LD、AND、OR、OUT 等。各种型号的 PLC 都有这些指令，因此这种编程方式适用于各种型号的 PLC。

编程时一般用辅助继电器来代表各步，下面用辅助继电器 M0～M3 来代表液压动力滑台的原位到快退 4 步。因此，可将图 5-10（c）所示的功能表写成图 5-11 所示的形式（在实际应用中可直接画出这种形式的功能表），图 5-11 中用特殊继电器 M8002 作为初始激活信号。

　　根据图 5-11 所示的功能表图，采用通用逻辑指令并用典型的启、保、停电路，分别画出控制 M0~M3 激活（通电）的电路，然后再用 M0~M3 控制输出执行元件的动作，很容易就得出如图 5-12 所示的梯形图程序。梯形图中只有保证前级步为活动步且转换条件成立，才能进行步的转换。总是将代表前级步的辅助继电器的常开触点与转换条件对应的触点串联，作为代表后续步的辅助继电器线圈激活的条件。当后续步被激活（由不活动步变为活动步）后，应将前级步变为不活动步，因此用代表后续步的辅助继电器常闭触点串在前级步的电路中，作为前级步的关断条件。如梯形图（图 5-12）中将 M3 的常开触点和转换条件 X3 常开触点串联，作为 M0 激活条件，同时将 M1 常闭触点串入 M0 线圈的通电回路中，保证 M1 通电时 M0 断电。另外，PLC 刚开始运行时应将初始步 M0 激活，否则系统将无法动作，因此将 PLC 的特殊继电器 M8002 常开触点与激活 M0 的条件并联。为了保证活动状态持续到下一步活动，还应加上 M0 的自锁触点。M1、M2、M3 的电路同理，请自行分析。

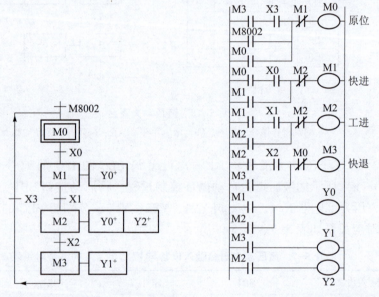

图 5-11　液压动力滑台的功能表　　　图 5-12　液压动力滑台梯形图一

　　梯形图的后半部分是输出电路，由于输出 Y0 在 M1 和 M2 两步中都接通，为避免一线圈输出，将 M1 和 M2 的常开触点并联去控制 Y0；而 Y1、Y2 分别只在 M3、M2 活动时才接通，因此用 M3 和 M2 常开触点分别作为 Y1 和 Y2 线圈通电的条件，也可将 Y1、Y2 的线圈分别与 M3、M2 的线圈直接并联。

　　使用通用逻辑指令的编程方式时，不允许出现双线圈输出。若某输出继电器在几步中都被接通，只能用相应的辅助继电器常开触点的并联来驱动输出继电器的线圈。

　　②使用步进指令的编程方式。许多 PLC 都有专门用于编制顺序控制程序的步进指令及编程元件，如日本三菱公司的 F1、F2、FX2、FX()N 系列 PLC，美国 GE 公司的 PLC 等都具有这种功能。

　　步进指令又称 STL 指令。此外，F1、F2、FX2、FX()N 系列 PLC 还有一条使 STL 复位的 RET 指令。利用这两条指令就可以很方便地对顺序控制系统的功能表进行编程。

步进指令 STL，只有与状态器 S 配合时，才具有步进功能。FX2 系列 PLC 有 900 点（S0~S899）状态器，其中 S0~S9（共 10 点）为初始状态器，用于功能表图的初始状态。

它们与步进指令一起使用，来编制顺序控制程序。使用 STL 指令的状态器常开触点称为 STL 触点，没有常闭的 STL 触点。从图 5-13 中可以看出功能表图与梯形图之间的关系，用状态器代表功能表图的各步，每一步都具有 3 种功能：负载的驱动处理、指定转换条件和指定转换目标。

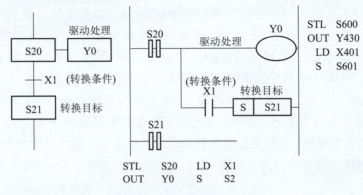

图 5-13　STL 指令与功能表

步进指令的执行过程如图 5-14 所示。当步 S20 为活动步时，S20 的 STL 触点连接的负载 Y0 接通。当转换条件 X1 成立时，下一步的 S21 将被置位，同时 PLC 自动将 S20 断开（复位），Y0 也断开。

STL 触点是与左母线相连的常开触点，类似于主控触点，并且同状态器的 STL 触点只能使用一次（并行序列的合并除外）。

与 STL 触点相连的触点，应使用 LD 或 LDI 指令。使用过 STL 指令后，应用 RET 指令使 LD 点返回左母线。

梯形图中同一元件的线圈可以被不同的 STL 触点驱动，即使用 STL 指令时，允许双线圈输出。在 STL 触点之后，不能使用 MC/MCR 指令。液压动力滑台系统用步进指令编程的功能表图和梯形图如图 5-14 所示。S0 代表初始状态，S21、S22、S23 代表快进、工进和快退 3 步。开始运行时，初始状态必须用其他方法预先驱动，使之处于工作状态。在此例中，初始状态最初是由 PLC 从 STOP—RUN 切换，瞬时使特殊辅助继电器 M8002 接通，从而使 S0 置 1。

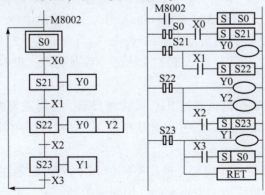

图 5-14　液压动力滑台梯形图二

5.3 PLC 在数控机床上的应用

5.3.1 数控机床上 PLC 的功能

数控机床的控制包含两个方面：一方面是坐标轴运动的位置控制；另一方面是数控机床加工过程的顺序控制。在讨论 PLC、CNC 和机床的辅助装置及强电电路的关系时，常把数控机床分为 NC 侧和 MT 侧两大部分。NC 侧包括 CNC 系统的硬件和软件及与 CNC 装置相连接的外围设备。MT 侧包括机床机械各部分及其液压、冷却、润滑、排屑等辅助装置、机床继电器电路和强电电路等。PLC 处于 NC 和 MT 之间，对 NC 侧和 MT 侧的输入/输出信号进行处理。MT 侧顺序控制的最终对象随数控机床的类型、结构、辅助装置等的不同而有很大差别。机床结构越复杂，辅助装置越多，最终受控对象也越多。一般来说，最终受控对象的数量和顺序取决于控制程序的复杂程度，从低到高依次为 CNC 车床、CNC 铣床、加工中心、FMC、FMS。

PLC 在数控机床上有 3 种不同的配置方式。

（1）PLC 在机床一侧，代替了传统的继电器、接触器逻辑控制，PLC 有 $m+n$ 个输入/输出（I/O）点。

（2）PLC 在电动机电气控制柜中，PLC 有 m 个输入/输出（I/O）点。

（3）PLC 在电气控制柜中，而输入/输出接口在机床一侧，这种配置方式使 CNC 与机床接口的电缆大为减少。

CNC 装置和机床输入/输出信号的处理包括以下几个。

1. CNC 装置的输出信号——机床

CNC 装置的输出数据经过 PLC 逻辑处理，通过输入/输出接口传送到机床侧（如 NC 给机床的信息主要是 M、S、T 等辅助功能代码）。

（1）S 功能处理主轴转速可以用 S2 位代码或 S4 位代码直接指定。例如，某数控机床的主轴最高转速为 4 000 r/min，最低转速为 50 r/min，若用 S4 位代码，CNC 送出 S4 位代码至 PLC，将进行二进制到十进制数转换，称为二进制后进行限位，当 S 代码大于 4 000 时，限制 S 为 4 000；当 S 代码小于 50 时，限制 S 为 50。此数值送到 D/A 转换器，转换成 50~4 000 r/min 相对应的输出电压，作为转速指令控制主轴的转速。若用 S2 位代码指定主轴的转速，应首先制定 S2 位代码与主轴转速的对应表，CNC 输出 S2 位代码进入 PLC，经过一系列处理，很容易实现对主轴转速的控制。

（2）T 功能处理数控机床通过 PLC 可管理刀库，特别是为加工中心的自动换刀带来了很大的方便。处理的信息包括选刀方式、刀具累计使用的次数、刀具剩余寿命和刀具刃磨次数等。

（3）M 功能处理是辅助功能，根据不同的 M 代码可控制主轴的正、反转和停止，主轴齿轮箱的换挡变速，主轴准停，切削液的开、关，卡盘的夹紧、松开及换刀机械手的取刀、归刀等动作。

PLC 向机床侧传递的信号主要是控制机床的执行元件执行信号，如电磁阀继电器接触器的动作信号、确保机床各运动部件状态的信号及故障指示。

2. 机床——CNC 装置

从机床侧输入的开关量经过 PLC 逻辑处理传送到 CNC 装置中。PLC 传送给 CNC 的信号主要有机床各坐标基准点信号及 M、S、T 功能的应答信号等。机床传送给 PLC 的信息主要有机床操作面板上各开关、按钮等信息，其中包括机床的启动、停止工作方式选择，倍率值选择，主轴的正、反转和停止，切削液的开、关，卡盘的夹紧、松开，各坐标轴的点动、换刀及行程限位等开关信号。

5.3.2 PLC 与数控机床的关系

数控系统有两大部分，一部分是 NC，另一部分是 PLC，这两者在数控机床的作用范围是不相同的。可以按以下方式来划分 NC 和 PLC 的作用范围。

（1）实现刀具相对于工件各坐标轴几何运动规律的数字控制。这个任务由 NC 完成。

（2）机床辅助设备的控制由 PLC 完成。它是在数控机床运行过程中，根据 CNC 内部标志及机床的各控制开关、检测元件、运行部件的状态，按照程序设定的控制逻辑对诸如刀库运动、换刀机构、冷却液等的运行进行控制。

在数控机床中这两种控制任务是密不可分的，它们按照上面的原则进行了分工，同时也按照一定的方式进行连接。NC 和 PLC 的接口方式，遵循国际标准 IS-SO4336—1981（E)《机床数字控制–数控装置和数控机床电气设备之间的接口规范》的规定，接口分为 4 种类型。

（1）与驱动命令有关的连接电路。

（2）数控装置与测量系统和测量传感器间的连接电路。

（3）电源及保护电路。

（4）通断信号及代码信号连接电路。

从接口分类的标准来看，第一类、第二类连接电路传送的是数控装置与伺服单元、伺服电动机、位置检测及数据检测装置之间的控制信息。第三类是由数控机床强电电路中的电源控制电路构成的，通常由电源变压器、控制变压器、各种断路器、保护开关、继电器、接触器等构成，为其他电动机、电磁阀、电磁铁等执行元件供电，这些相对于数控系统来讲，属于强电回路。这些强电回路是不能够和控制系统的弱电回路直接连接的，只能通过中间继电器等电子元器件转换成直流低压下工作的开关信号，才能够成为 PLC 或继电器逻辑控制电路的可接收电信号；反之，PLC 或继电器逻辑控制来的控制信号，也必须经过中间继电器或转换电路变成能连接到强电电路的信号，再由强电回路驱动执行元件工作。第四类信号是数控装置向外部传送的输入/输出控制信号。

5.3.3 PLC 在数控机床中的应用

1. PLC 在数控机床中的应用形式

数控机床中所用的 PLC 可分为两类：一类是专为实现数控机床顺序控制而设计

制造的内装型（Built-In Type）PLC，另一类是那些输入/输出技术规范，输入/输出点数、程序存储容量及运算和控制功能等均能满足数控机床控制要求的独立型（Stand-Alone Type）PLC。

（1）内装型 PLC。内装型 PLC 从属于 CNC 装置。PLC 与 NC 之间信号传送至 CNC 装置内部就可完成，而 PLC 与机床侧的信息传送则要通过输入/输出来完成。

内装型 PLC 具有如下特点。

①内装型 PLC 实际上是作为 CNC 装置带有的 PLC，一般作为一种基本功能提供给用户。

②内装型 PLC 的性能指标（如输入/输出点数、程序最大步数、每步执行时间、程序扫描周期、功能指令数目等），是根据所从属的 CNC 系统的规格、性能、适用机床的类型等确定的，其硬件和软件部分是被作为 CNC 系统的基本功能或附加功能与 CNC 系统一起统一设计制造的。因此，系统硬件和软件整体结构十分紧凑，PLC 所具有的功能针对性强，技术指标较合理、实用，较适合用于单台数控机床等场合。

③在系统结构上，内装型 PLC 既可以与 CNC 共用一个 CPU，也可以单独使用一个 CPU。此时的 PLC 对外有单独配置的输入/输出电路而不使用 CNC 装置的输入/输出电路。

④采用内装型 PLC，扩大了 CNC 内部直接处理的通信窗口功能，可以使用梯形图的编辑和传送等高级控制功能，且造价便宜，提高了 CNC 的性能价格比。目前很多数控系统厂家在生产 CNC 装置中采用了内装型 PLC。如 FANUC 公司的 FS-O（PMC-L/M）、FSOMate（PMC-L/M）、FS3（PCD），SIEMENS 公司的 SINU-MERIK810/820 等。

（2）独立型 PLC。独立型 PLC 又称通用型 PLC，独立于 CNC 装置，具有完备的硬件和软件，是能独立完成规定控制任务的装置。数控机床用独立型 PLC，一般采用模块化结构，装在插板式笼箱内，它的 CPU 系统程序、用户程序、输入/输出电路、通信等均设计成独立的模块。独立型 PLC 主要用于 FMS、CIMS 形式中的 CNC 机床，具有较强的数据处理、通信和诊断功能，成为 CNC 与上级计算机联网的重要设备。

2. PLC 与数控系统及数控机床间的信息交换

相对于 PLC，机床和 NC 就是外部。PLC 与机床及 NC 之间的信息交换，对于 PLC 的功能发挥是非常重要的。PLC 与外部的信息交换，通常有 4 个部分。

（1）机床侧至 PLC：机床侧的开关量信号通过 I/O 单元接口输入到 PLC 中，除极少数信号外，绝大多数信号的含义及所配置的输入地址均可由 PLC 程序编制者或者是程序使用者自行定义。数控机床生产厂家可以方便地根据机床的功能和配置，对 PLC 程序和地址分配进行修改。

（2）PLC 至机床：PLC 的控制信号通过 PLC 的输出接口送到机床侧，所有输出信号的含义和输出地址也是由 PLC 程序编制者或者是使用者自行定义的。

（3）CNC 至 PLC：CNC 送至 PLC 的信息可由 CNC 直接送入 PLC 的寄存器中，所有 CNC 送至 PLC 的信号含义和地址（开关量地址或寄存器地址）均由 CNC 厂家确定，PLC 编程者只可使用不可改变和增删，如数控指令的 M、S、T 功能，通过 CNC 译码后直接送入 PLC 相应的寄存器中。

（4）PLC 至 CNC：PLC 送至 CNC 的信息也由开关量信号或寄存器完成，所有 PLC 送至 CNC 的信号地址与含义由 CNC 厂家确定，PLC 编程者只可使用不可改变和增删。

3. PLC 在数控机床中的工作流程

PLC 在数控机床中的工作流程和通常的 PLC 工作流程基本上是一致的，分为以下几个步骤。

（1）输入采样：就是 PLC 以顺序扫描的方式读入所有输入端口的信号状态并将此状态读入到输入映象寄存器中。当然，在程序运行周期中这些信号状态是不会变化的，除非一个新的扫描周期的到来，并且原来端口信号状态已经改变，读到输入映象寄存器的信号状态才会发生变化。

（2）程序执行：程序执行阶段系统会对程序进行特定顺序的扫描，并且同时读入输入映象寄存区、输出映象寄存区的读取相关数据，在进行相关运算后，将运算结果存入输出映象寄存区供输出和下次运行使用。

（3）输出刷新阶段：在所有指令执行完成后，输出映象寄存区的所有输出继电器的状态（接通/断开）在输出刷新阶段转存到输出锁存器中，通过特定方式输出，驱动外部负载。

4. PLC 在数控机床中的控制功能

（1）操作面板的控制。操作面板分为系统操作面板和机床操作面板。系统操作面板的控制信号先进入 NC，然后由 NC 送到 PLC，控制数控机床的运行。机床操作面板控制信号直接进入 PLC，控制机床的运行。

（2）机床外部开关输入信号。将机床侧的开关信号输入到 PLC，进行逻辑运算，这些开关信号包括很多检测元件信号（如行程开关、接近开关、模式选择开关等）。

（3）输出信号控制：PLC 输出信号经外围控制电路中的继电器、接触器、电磁阀等输出给控制对象。

（4）功能实现。系统送出 T 指令给 PLC，经过译码，在数据表内检索，找到 T 代码指定的刀号，并与主轴刀号进行比较。如果不符，发出换刀指令，刀具换刀，换刀完成后，系统发出完成信号。

（5）M 功能实现。系统送出 M 指令给 PLC，经过译码，输出控制信号，控制主轴正反转和启动停止等。M 指令完成，系统发出完成信号。

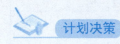 计划决策

（一）工作准备

1. 工具、仪表及器材

（1）工具：测电笔、十字螺丝刀、一字螺丝刀、电工钳、尖嘴钳、斜口钳、剥线钳、电工刀等。

（2）仪表：万用表一只。

（3）导线规格：紧固体及编码套管等。

（4）器材：控制电路板一块、三菱 FX 系列 PLC 主机一台、PLC 通信电缆一根、计算机一台、编程软件 GX 或 PLC 综合实训台一套。

2. 元器件明细表

制定选用电动机自动往返 PLC 控制电路的低压电器方案，制定项目计划单，列出元器件明细，填入表 5-9 中。

表 5-9　元器件明细表

序号	代号	名称	型号规格	数量	备注

（二）完成电动机自动往返 PLC 控制电路的输入/输出地址分配

填写表 5-10。

表 5-10　电动机自动往返 PLC 控制电路的输入/输出地址分配表

	符号	功能	地址
输入设备			
输出设备			

（三）设计电动机自动往返 PLC 控制电路的元件接线图

（四）设计电动机自动往返 PLC 控制电路的梯形图

 **任务实施**

（1）根据电路图画出位置图及接线图。

（2）按表 5-8 配齐所用电气元件，并进行质量检验。电气元件应完好无损，各项技术指标符合规定要求，否则应予以更换。

（3）在控制板上按设计的位置图所示安装所有的电气元件，并贴上醒目的文字符号。安装时，组合开关、熔断器的受电端应安装在控制板的外侧；电气元件排列要整齐、匀称、间距合理，且便于电气元件的更换；紧固电气元件时用力要均匀，紧固程度适当，做到既要使电气元件安装牢固，又不使其损坏。

（4）按接线图进行板前明线布线和套编码套管。做到布线横平竖直、整齐、分布均匀、紧贴安装面、走线合理；套编码套管要正确；严禁损伤线心和导线绝缘；接点牢靠，不得松动，不得压绝缘层，不反圈及不露铜过长等。

（5）根据图 1-3 所示电路图检查控制板布线的正确性。

（6）安装电动机。做到安装牢固、平稳，防止在换向时产生滚动而引起事故。

（7）可靠连接电动机和按钮金属外壳的保护接地线。

（8）启动 GX 软件。

（9）创建新文件。

（10）选择 PLC 机型。

（11）在离线状态下输入程序。

（12）程序编译。输入 ED 指令：按"Shift"＋"F4"组合键，完成整个程序的编译操作。

（13）程序离线调试。强制 X0 为 1，则 Y0 通电并自锁。

（14）程序在线调试。连接电源、电动机等控制板外部的导线。导线要敷设在导线通道内，并采用绝缘良好的橡皮线进行通电校验。

 检查评估

检查表如表 5-11 所示，评分表如表 5-12 所示。

表 5-11 检查表

调试遇到的问题或故障	解决方案	效果	结论与收获	解决人员

表 5-12 评分表

评分内容	分值	评分标准	扣分	得分
新知识	10	电动机正反转运行概念不理解	扣 1~5 分	
		互锁概念不理解	扣 1~5 分	

评分内容	分值	评分标准	扣分	得分
软件使用	30	操作不熟练	扣 1~15 分	
		恢复功能没有掌握	扣 1~15 分	
硬件接线	30	功能键掌握不熟练	扣 1~10 分	
		输入/输出接线图绘制不正确	扣 1~10 分	
		接线图设计缺少必要的保护	扣 1~10 分	
		线路连接工艺差	扣 1~10 分	
功能实现	30	互锁功能没有实现	扣 5 分	
		电动机不能正转	扣 5 分	
		电动机不能反转	扣 5 分	
		电动机不能自锁	扣 5 分	
		电动机不能停止	扣 5 分	
		热继电器动作电动机不能停止	扣 5 分	

 收获反思

搜集并分享钱伟长放弃自己擅长的文科，改学自己不及格的理科，立志报国，终成著名科学家的事迹。撰写本人克服畏难情绪、坚定报国信念的决心与恒心，并填写在表 5-13 中。

表 5-13　收获反思

课后习题与答案

习   题

一、填空题

1. C24 是 F1 系列 PLC 的_____，24 表示其具有_____。

2. PLC 的最大特点之一就是采用简单易学的_____语言。

3. PLC 是通过一种顺序循环扫描工作方式来完成控制的，每个周期包括_____、_____、输出处理 3 个阶段。

4. PLC 需要通过_____电缆与微机或编程器连接。

5. PLC 一般 _____（能，不能）为外部传感器提供 24 V 直流电源。

6. X2 是 FP1 系列 PLC 的_____，其长度是_____。

7. 说明下列指令意义：LD_____；AND_____。

8. 选择 PLC 型号时，需要估算_____，并据此估算出程序的存储容量，是系统设计的最重要环节。

9. 从组成结构形式上 PLC 分为_____和_____两类。

10. PLC 提供的编程语言有_____、_____、逻辑功能图、高级语言。

二、判断题

1. （   ）可编程控制器都是模块式结构。

2. （   ）梯形图不是数控加工编程语言。

三、简答题

1. 简述可编程控制器的定义。

2. 可编程控制器的特点有哪些？

答   案

一、填空题

1. 控制单元，计数动作

2. 梯形图

3. 输入处理，程序执行

4. RS232 数据

5. 能

6. 输入继电器，8 位

7. 逻辑取指令，逻辑与指令

8. 输入/输出点数

9. 整体式，模块式

10. 梯形图，指令表

二、判断题

1. × 　2. √

三、简答题

1. 可编程控制器是一种数字运算操作的电子系统，专为在工业环境下应用而设计。它采用可编程的存储器，用来在其内部存储执行逻辑运算、顺序控制、定时、计数和算术运算等操作命令，并通过数字式或模拟式的输入和输出控制各种类型的机械或生产过程。可编程控制器及其有关的设备，都应按易于与工业控制系统连成一个整体，易于扩充功能的原则而设计。

2. （1）PLC 的软件简单易学；（2）使用和维护方便；（3）运行稳定可靠；（4）设计施工周期短。

项目六　数控机床电气控制电路设计

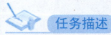 TK1640 数控车床电气控制电路

任务描述

TK1640 数控车床如图 6-1 所示,是我国宝鸡机床厂研制、开发的产品,主轴变频调速,三挡无级变速,采用 HNC-21T 车床数控系统实现机床的两轴联动。机床配有四工位刀架,可满足不同需要的加工;可开闭的半防护门,确保操作人员的安全。机床适用于多品种、中小批量产品的加工,对复杂、高精度零件由于机床的自动化而更显示其优越性。

图 6-1　TK1640 数控车床

本任务对 TK1640 数控车床电气控制电路进行分析,先分析主电路,再分析控制电路、辅助电路、连锁与保护环节等,最后进行总体检查,从整体角度去理解各控制环节之间的联系。

任务目标

※**知识目标**

(1) 掌握数控机床电路设计的原则。

(2) 掌握 TK1640 数控车床的组成、功能。

(3) 掌握 TK1640 电气控制电路的控制原理。

(4) 了解机床的机械及其各部分与电气控制系统之间的配合关系。

（5）了解电气部分在整个设备中所处的地位和作用。

※**技能目标**

（1）能够根据实际情况进行数控系统功能的选择。

（2）能够熟练进行数控车床电气控制系统的分析。

（3）能够按照 TK1640 数控车床电气控制系统要求，绘制控制电路图。

※**素养目标**

坚持科技是第一生产力、创新是第一动力，深入实施科教兴国战略、创新驱动发展战略，开辟发展新领域新赛道，不断塑造发展新动能、新优势；培养学生科技强国意识、文化自信、奋斗精神，激发学生创新实践的精神；培养学生对新鲜事物的兴趣，激发学习动力，投身祖国建设事业，培养学生家国情怀，激发学生的职业使命感与责任感。

 任务分析

任务实施过程中，需要以小组为单位，拟定电路分析步骤，填写在表 6-1 中；学生结合小组讨论和教师讲解内容，完成表 6-4 ~ 表 6-6 中各回路分析报告；在理解 TK1640 数控车床电路原理的基础上，使用 CAXA 二维 CAD 软件，绘制 TK1640 数控车床控制电路图。

 **知识准备**

6.1 数控机床电气控制电路设计原则

6.1.1 电气控制电路设计原则

1. 最大限度地实现机械设计和工艺要求

数控机床是机电一体化产品，数控机床的主轴、进给轴伺服控制系统绝大多数是机电式的，其输出包括含有某种类型的机械环节和元件，它们是控制系统的重要组成部分，其性能直接影响数控机床的品质。这些机械环节和元件一旦完成制造，其性能就难以更改，远不如电气部分灵活易变。因此，数控机床的机械与数控系统的设计人员都必须明确了解机械环节和元件的参数对整机系统的影响，以便密切配合。在设计阶段，就仔细考虑相互之间的各种要求，做出合理的设计。

2. 保证数控机床能稳定、可靠运行

数控机床运行的稳定性、可靠性在某种程度上取决于电气控制部分的稳定性、可靠性。数控机床在加工车间使用的条件、环境比较恶劣，极易造成数控系统的故障，尤其是工业现场，电磁环境恶劣，有各种电气设备产生的电磁干扰，要求数控系统对电磁干扰应有足够的抗扰度水平，否则设备无法正常运行。

3. 便于组织生产、降低生产成本、保证产品质量

商品生产的基本要求是以最低的成本、最高的质量，生产出满足用户要求的产

品，数控机床的生产也不例外。电气控制电路设计时就应该充分考虑元器件的品质、供应，并便于安装、调试和维修，以便于保证产品质量和组织生产。

4. 安全

电气控制电路的设计应高度重视保证人身安全、设备安全，符合国家有关的安全规范和标准，各种指示及信号易识别，操纵机构易操作、易切换。

6.1.2 数控系统功能的选择

除基本功能外，数控系统生产厂还为机床制造厂提供了多种多样的可选功能，由于各知名品牌数控系统的基本功能差别不大，因此合理地选择适合本机床的可选功能，放弃那些可有可无的或不实用的可选功能，对提高产品的性价比是大有好处的。

1. 动画/轨迹显示功能的选择

该功能用于模拟零件加工过程，显示真实刀具在毛坯上的切削路径，可以选择直角坐标系中的两个不同平面，也可选择不同视角的三维立体，可以在加工的同时做实时的显示，也可在机械锁定的方式下做加工过程的快速描绘，是一种检验零件加工程序、提高编程效率和实时监视的有效工具。

2. 软盘驱动器的选择

这是一种数据传送的极好工具，可以通过它将系统中已经调试完毕的加工程序存入软盘后存档，也可以通过它将在其他计算机中生成的加工程序软盘中的加工程序存入 CNC 系统，抑或通过它来做各种机床数据的备份和存储，给编程和操作人员带来了很大方便，但是，软盘驱动器毕竟是易耗品，是否采用需衡量比较。另外，若数控系统是基于 DOS、Windows 等通用操作系统，还应注意病毒的问题。

3. DNC-B 通信功能的选择

众所周知，由非圆曲线或面组成的零件加工程序的编制是十分困难的，通常借助通用计算机的计算，将它们细分为微小的三维直线段组成的加工程序，在模具加工中这种长达几百千字节（4 KB 约等于 10 m 纸带长度）甚至数兆字节的加工程序是经常会遇到的，而一般数控系统提供的程序存储容量为 64~128 KB，这给模具加工带来了很大困难。

DNC-B 通信功能具有两种工作方式，一是一次性将通用计算机中的程序传送到数控系统的加工程序的存储区内（如果它的容量足够大的话），二是将通用计算机中的程序一段一段地传送到数控系统的缓冲存储器中，边加工边传送，直到加工结束，彻底解决了大容量程序零件的加工问题。虽然选用这项功能需要增加一定的费用，但它确实是一项性价比很高的选项。

若系统的加工程序存储区足够大，推荐使用 DNC-B 的第一种工作方式，即一次性把加工程序传送到 CNC 内部，然后在 CNC 本机上运行该加工程序；而第二种方式则需要在加工的全过程中占用一台计算机，而且，一旦双方的通信出现问题，加工就不得不中断。需要注意的是，在使用第一种方式时，应该定期检查 CNC 的加工程序存储区剩余空间，删除不用的加工程序。

4. 刚性攻螺纹功能

攻螺纹是数控机床的一项常用功能，到底采用什么方式是一个值得考虑的问题，刚性攻螺纹功能必须采用伺服电动机驱动主轴，不仅要求在主轴上增加一个位置传感器，而且对主轴传动机构的间隙和惯量都有严格的要求，电气设计和调整也有一定的工作量，因此这个功能的成本不能忽略。对用户来说，如果可以通过采用弹性伸缩卡头进行柔性攻螺纹，或者机床本身的转速并不高时，就不必选用刚性攻螺纹功能。

5. 网络数控功能

近年来发展的数字化网络制造是指利用网络技术和数字控制技术进行产品的加工制造，其基础是网络数控技术。它是各种先进制造技术的基本单元，为各种先进制造环境提供基本的技术基础，如远程制造、远程诊断与远程维护。目前，有些数控系统有提供选择的网络功能，是否选择此功能，要考虑本单位的实际需要和数控应用水平。

6.2 TK1640 数控车床的组成及技术参数

6.2.1 TK1640 数控车床的组成

TK1640 数控车床传动简图如图 6-2 所示，机床由底座、床身、主轴箱、大拖板（纵向拖板）、中拖板（横向拖板）、电动刀架、尾座、防护罩、电气部分、CNC 系统、冷却、润滑等部分组成。

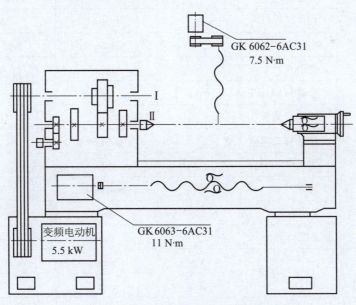

图 6-2 TK1640 数据车床传动简图

机床主轴的旋转运动由 5.5 kW 变频主轴电动机经皮带传动至 I 轴，经三联齿轮变速将运动传至主轴，并得到低速、中速和高速 3 种无级变速。

大拖板左右运动方向为 Z 坐标，其运动由 GK 6063-6AC31 交流永磁伺服电动机与滚珠丝杠直联实现；中拖板前后运动方向为 X 坐标，其运动由 GK 6062-6AC31 直流永磁伺服电动机通过同步齿形带及带轮带动滚珠丝杠和螺母实现。

螺纹车削为保证主轴一转，刀架移动一个导程，在主轴箱的左侧安装了一个光电编码器，主轴至光电编码器的齿轮传动比为 1 : 1，光电编码器配合纵向进给交流伺服电动机，保证主轴一转，刀架移动一个导程（即被加工螺纹导程）。

6.2.2　TK1640 数控车床的技术参数

TK1640 数控车床的技术参数如表 6-1 所示。

表 6-1　TK1640 数控车床的技术参数

项目		单位	技术规格
加工范围	床身上最大回转直径	mm	ϕ410
	床鞍上最大回转直径	mm	ϕ180
	最大车削直径	mm	ϕ240
	最大工件长度	mm	1 000
	最大车削长度	mm	800
主轴	主轴通孔直径	mm	ϕ52
	主轴头型式	—	ISO702/Ⅱ No. 6
	主轴转速	r/min	36~2 000
	高速	r/min	170~2 000
	中速	r/min	95~1 200
	低速	r/min	36~420
	主轴电动机功率	kW	5.5（变频）
尾座	套筒直径	mm	ϕ55
	套筒行程（手动）	mm	120
	尾座套筒锥孔	—	MT No. 4
刀架	快速移动速度 X/Z	m/min	3/6
	刀位数	位	4
	刀架尺寸	mm×mm	20×20
	X 向行程	mm	200
	Z 向行程	mm	800
主要精度	机床定位精度 X	mm	0.030
	机床定位精度 Z	mm	0.040
	机床重复定位精度 X	mm	0.012
	机床重复定位精度 Z	mm	0.016
其他	机床尺寸 L×W×H	mm×mm×mm	2 140×1 200×1 600
	机床毛重	kg	2 000
	机床净重	kg	1 800

 **计划决策**

（一）教师准备

（1）TK1640 数控车床电气原理图。

（2）GB/T 4728 常用电气图形与文字符号。

（二）学生准备

1. 了解工作任务要求

（1）电气原理图分析的方法与步骤。

（2）提前了解电气原理图的绘制原则和导线线号的标注方法。

2. 准备工具、器材等

计算机、CAXA 二维 CAD 软件。

 任务实施

（一）制定方案

老师提出电路分析的要求后，学生分组讨论（每组 3~4 人），拟定电路分析步骤，并填入表 6-2。

表 6-2　电路分析步骤

序号	分析步骤	备注

（二）确定方案

（1）教师给学生安排项目任务，学生分组讨论。

（2）学生现场对 TK1640 数控车床电气电路图进行分析，学生按照拟定好的分析步骤操作，教师巡视指导，并及时纠正不正确的方法。

（3）学生对 TK1640 数控车床电气电路分析进行小结，教师补充完善。

（4）确定绘制 TK40A 强电回路、TK40A 电源回路图、TK40A 交流控制回路、TK40A 直流控制图的小组成员名单，每位小组成员绘制其中 1 个电路图。

（三）实施方案

1. 知识链接/示范讲解

（1）电气原理图分析的方法与步骤。电气控制电路一般由主回路、控制电路和辅助电路等部分组成，了解了电气控制系统的总体结构、电动机和电气元件的分布状况及控制要求等内容，便可以阅读分析电气原理图。

①分析主回路。从主回路入手，根据伺服电动机、辅助机构电动机和电磁阀等执行电器的控制要求，分析它们的控制内容。控制内容包括启动、方向控制、调速和制动。

②分析控制电路。根据主回路中各伺服电动机、辅助机构电动机和电磁阀等执行电器的控制要求，逐一找出控制电路中的控制环节，按功能不同划分成若干个局部控制电路来进行分析，分析控制电路的最基本方法是查线读图法。

③分析辅助电路。辅助电路包括电源显示、工作状态显示、照明和故障报警等部分，它们大多由控制电路中的元件来控制，因此在分析时，还要回头来对照控制电路进行分析。

④分析连锁与保护环节。机床对于安全性和可靠性有很高的要求，实现这些要求，除合理地选择元器件和控制方案以外，在控制电路中还设置了一系列电气保护和必要的电气连锁。

⑤总体检查。经过"化整为零"，逐步分析了每一个局部电路的工作原理及各部分之间的控制关系之后，还必须用"集零为整"的方法，检查整个控制电路，看是否有遗漏，特别要从整体角度去进一步检查和理解各控制环节之间的联系，理解电路中每个元器件所起的作用。

（2）TK1640 数控车床电气控制电路分析。设备主要器件如表 6-3 所示。

表6-3 设备主要器件

序号	名称	规格	主要用途	备注
1	数控装置	HNC-21TD	控制系统	HCNC
2	软驱单元	HFD-2001	数据交换	HCNC
3	控制变压器	AC 380 V/220 V 300 W/ 110 V 250 W/ 24 V 100 W	伺服控制电源、 开关电源供电 交流接触器电源 照明灯电源	HCNC
4	伺服变压器	3P AC 380 V/220 V 2.5 kW	为伺服供电	HCNC
5	开关电源	AC 220 V/DC 24 V 145 W	HNC-2 1 TD、PLC 及中间继电器	明玮
6	伺服驱动器	HSV-1 6D030	X、Z 轴电动机伺服驱动器	HCNC
7	伺服电动机	GK 6062-6AC31 （7.5 N·m）	X 轴进给电动机	HCNC
8	伺服电动机	GK 6063-6AC31 （11 N·m）	Z 轴进给电动机	HCNC

①机床的运动及控制要求。TK1640 数控车床主轴的旋转运动由 5.5 kW 变频主轴电动机实现，与机械变速配合得到低速、中速和高速 3 种无级变速。Z 轴、X 轴的运动由交流伺服电动机带动滚珠丝杠实现，两轴的联动由数控系统控制并协调。螺纹车削由光电编码器与交流伺服电动机配合实现。

除上述运动外，还有电动刀架的转位，冷却电动机的启、停等。

②主回路分析。图 6-3 所示为 380 V 强电回路。

图 6-3 中 QF1 为电源总开关，QF2、QF3、QF4、QF5 分别为伺服强电、主轴强电、冷却电动机、刀架电动机的空气开关，它们的作用是接通电源及短路、过流时起保护作用；其中 QF4、QF5 带辅助触头，该触点输入 PLC，作为报警信号，并且该空开的保护电流是可调的，可根据电动机的额定电流来调节空开的设定值，起到过流保护作用。KM3、KM1、KM6 分别为主轴电动机、伺服电动机、冷却电动机交流接触器，由它们的主触点控制相应电动机；KM4、KM5 为刀架正反转交流接触器，用于控制刀架的正反转。TC1 为三相伺服变压器，将交流 380 V 变为交流 200 V 供给伺服电源模块；RC1、RC3、RC4 为阻容吸收器，当相应的电路断开后，吸收伺服电源模块、冷却电动机、刀架电动机中的能量，避免产生过电压而损坏器件。

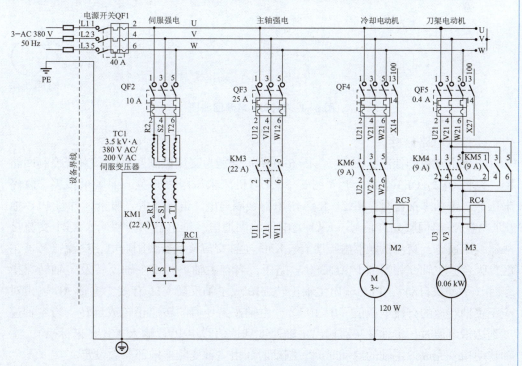

图 6-3　TK40A 强电回路

③电源电路分析。图 6-4 为电源回路图。

图 6-4 中 TC2 为控制变压器，原方为 AC 380 V，副方为 AC 110 V、AC 220 V、AC 24 V，其中 AC 110 V 给交流接触器线圈和强电柜风扇提供电源；AC 24 V 给电柜门指示灯、工作灯提供电源；AC 220 V 通过低通滤波器滤波给伺服模块、电源模块、24 V 电源提供电源；VC1 为 24 V 电源，将 AC 220 V 转换为 AD 24 V 电源，给世纪星数控系统、PLC 输入/输出、24 V 继电器线圈、伺服模块、电源模块、吊挂风扇提供电源；QF6、QF7、QF8、QF9、QF10 空开，为电路的短路保护。

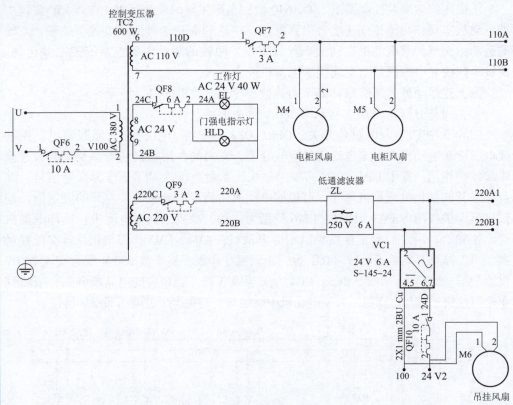

图 6-4 TK40A 电源回路图

④控制电路分析。

主轴电动机的控制。图 6-5、图 6-6 所示分别为交流控制回路图和直流控制回路图。先将 QF2、QF3 空开合上（图 6-3），当机床未压限位开关、伺服未报警、急停未压下、主轴未报警时，KA2、KA3 继电器线圈通电，继电器触点吸合，并且 PLC 输出点 Y00 发出伺服允许信号，KA1 继电器线圈通电，继电器触点吸合，KM1 交流接触器线圈通电，交流接触器触点吸合，KM3 主轴交流接触器线圈通电，交流接触器主触点吸合，主轴变频器加上 AC 380 V 电压，当有主轴正转或主轴反转及主轴转速指令时（手动或自动），PLC 输出主轴正转 Y10 或主轴反转 Y11 有效，主轴 AD 输出对应于主轴转速的直流电压值（0~10 V），主轴按指令值的转速正转或反转；当主轴速度到达指令值时，主轴变频器输出主轴速度到达信号给 PLC 输入 X31（未标出），主轴转动指令完成。主轴的启动时间、制动时间由主轴变频器内部参数设定。

刀架电动机的控制。当有手动换刀或自动换刀指令时，经过系统处理转变为刀位信号，这时是 PLC 输出 Y06 有效，KA6 继电器线圈通电，继电器触点闭合，KM4 交流接触器线圈通电，交流接触器主触点吸合，刀架电动机正转，当 PLC 输入点检测到指令刀具所对应的刀位信号时，PLC 输出 Y06 有效撤销，刀架电动机正转停止；PLC 输出 Y07 有效，KA7 继电器线圈通电，继电器触点闭合，KM5 交流接触器线圈通电，交流接触器主触点吸合，刀架电动机反转，延时一定时间后（该时间由参数设定，并根据现场情况作调整），PLC 输出 Y07 有效撤销，KM5 交流接触器主触点断开，刀架电动机反转停止，选刀完成。为了防止电源短路，在刀架电动机正转继电器线圈、接触器线圈回路中串入了反转继电器、接触器常闭触点（图6-5）。请注意，刀架转位选刀只能一个方向转动，取刀架电动机正转，刀架电动机反转只为刀架定位。

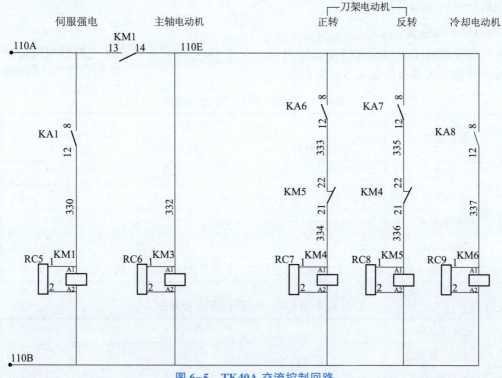

图6-5　TK40A 交流控制回路

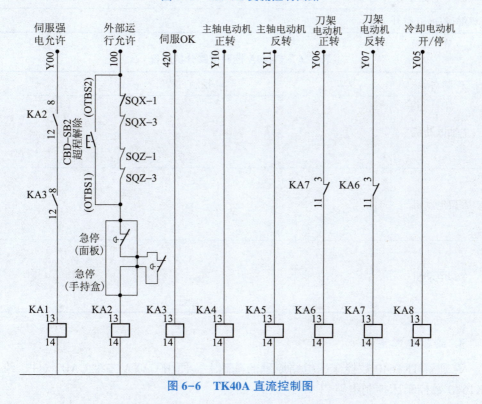

图6-6　TK40A 直流控制图

冷却电动机控制。当有手动或自动冷却指令时，PLC 输出 Y05 有效，KA8 继电器线圈通电，继电器触点闭合，KM6 交流接触器线圈通电，交流接触器主触点吸合，冷却电动机旋转，带动冷却泵工作。伺服电动机的控制见项目四 任务一 "数控机床进给驱动系统调试"。

2. 分析报告

学生结合小组讨论和教师讲解内容，完成 TK1640 数控车床电气控制电路分析报告并填写表 6-4、表 6-5、表 6-6。

表 6-4　TK40A 强电回路分析报告

控制对象	控制		
	控制接触器	空气开关	阻容吸收
伺服强电			
主轴强电			
冷却电动机			
刀架电动机			

注：在表 6-4 中，填入相应的控制元器件名称，如不存在该元器件，则填无。

表 6-5　TK40A 电源回路图分析报告

元器件名称	作用
控制变压器 TC2	
24 V 电源 VC1	
QF6~QF10 空开	

表 6-6　TK40A 控制电路分析报告

控制对象	控制过程
主轴电动机	
刀架电动机	
冷却电动机	

3. 绘制电路图

在理解 TK1640 数控车床电路原理的基础上，使用 CAXA 二维 CAD 软件，绘制 TK1640 数控车床控制电路图。

 检查评估

1. 成果展示

学生展示电路分析报告和绘制完成的数控车床控制电路图，教师根据每组学生的掌握程度和出现的问题进行点评。

2. 过程评价

根据学生在完成项目过程中的情况，对学生的学习态度、准备工作、项目方案、沟通协调、项目进度、项目报告等进行全面的点评并填写表6-7。

表6-7 项目评价表

序号	检查项目	检查标准	学生自查	教师检查
1	学习态度（10分）	遵守课堂纪律，积极参与课堂教学活动，按要求完成准备工作，态度认真、严谨		
2	项目方案（10分）	项目方案制定合理，可实施性强		
3	综合素质（15分）	乐于请教和帮助同学，小组活动协调和谐，积极参与分组讨论，有团队合作精神		
4	项目进度（15分）	能够按照要求，积极参与项目方案制定，并及时完成相应任务内容		
5	项目报告（20分）	项目分析报告填写字迹工整，表述准确、严谨		
6	使用软件绘图能力（20分）	能够熟练使用CAXA软件进行绘图，图形符号选择正确，标注准确，布局合理		
7	创新能力（10分）	善于观察、分析、思考，能提出创新观点和独特见解		

检查评价	班级		第 组	组长签字	
	教师签字		日期		
	评语：				
收获反思					

任务二　XK714A 数控铣床电气控制电路

 任务描述

　　XK714A 数控床身铣床采用变频主轴，X、Y、Z 三向进给均由伺服电动机驱动滚珠丝杠。机床采用 HNC-21M 数控系统，实现三坐标联动，并可根据用户要求，提供数控转台，实现四坐标联动；系统具有汉字显示、三维图形动态仿真、双向式螺距补偿、小线段高速插补功能和软盘、硬盘、RS232、网络等多种程序输入功能，独有的大容量程序加工功能，不需要 DNC，可直接加工大型、复杂型零件；机床适合于工具、模具、航天航空、电子、汽车和机械制造等行业对复杂形状的表面和型腔零件的大、中、小批量加工。

　　本任务对 XK714A 数控铣床电气控制电路进行分析，先分析主回路，再对电源电路、控制电路进行分析，最后进行总体检查。

 任务目标

※知识目标

（1）掌握 XK714A 数控铣床的组成与功能。

（2）掌握 XK714A 数控铣床的电气控制电路的原理。

（3）了解 XK714A 数控铣床的机械及各部分与电气控制系统之间的配合关系。

（4）了解电气部分在整个设备中所处的地位和作用。

※技能目标

（1）能够熟练进行数控车床电气控制系统的分析。

（2）能够按照 XK714A 数控铣床电气控制系统要求绘制控制电路图。

※素养目标

　　完善科技创新体系，坚持创新在我国现代化建设全局中的核心地位，健全新型举国体制，强化国家战略科技力量，提升国家创新体系整体效能，形成具有全球竞争力的开放创新生态。培养学生对新鲜事物的兴趣，养成对新事物的好奇心和求知欲，结合专业知识，充分挖掘学生的潜能和创造性。培养学生"一丝不苟，精益求精"的工匠精神；全面客观认识当代中国制造水平，不忘初心，牢记使命，用中国梦激扬青春梦，激励学生勇做奋进者、开拓者。

任务分析

　　任务实施过程中，需要以小组为单位，拟定电路分析步骤，填写在相应表中；学生结合小组讨论和教师讲解内容，完成相应表中各回路分析报告；在理解 XK714A 数控铣床电路原理的基础上，使用 CAXA 二维 CAD 软件，绘制 XK714A 数控铣床控制电路图。

知识准备

1. XK714A 数控铣床的组成

XK714A 数控铣床如图 6-7 所示。机床主要由底座、立柱、工作台、主轴箱、电气、CNC 系统及冷却、润滑等部分组成。

图 6-7　XK714A 数控铣床

XK714A 传动简图如图 6-8 所示，机床的立柱部分、工作台部分安装在底座上，主轴箱通过连接座在立柱上移动，其他各部件自成一体与底座组成整机。

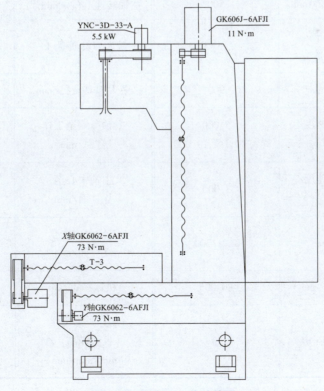

图 6-8　XK714A 传动简图

机床工作台左右运动方向为 X 坐标，工作台前后运动方向为 Y 坐标，其运动均由 GK 6062-6AF31 交流永磁伺服电动机通过同步齿形带及带轮、滚珠丝杠和螺母实现。主轴箱上、下运动方向为 Z 坐标，其运动由 GK 6063-6AF31 交流永磁伺服电动机通过同步齿形带及带轮、滚珠丝杠和螺母实现。

机床的主轴旋转运动由 YPNC-50-5.5-A 主轴电动机经同步带及带轮，将运动传至主轴。主轴电动机为变频调速三相异步电动机，由数控系统控制变频器的输出频率，实现主轴无级调速。

机床有刀具松/紧电磁阀，以实现自动换刀；为了在换刀时将主轴的灰尘清除，配备了主轴吹气电磁阀。

2. XK714A 数控铣床的技术参数

XK714A 数控铣床的技术参数如表 6-8 所示。

表 6-8　XK714A 数控铣床的技术参数

工作台(宽×长)/（mm×mm）		400×1 270	Y 轴电动机/N·m	73
工作台负载/kg		380	Z 轴电动机/N·m	11
工作台最大行程	X/mm	800	主轴锥度	BT40
	Y/mm	400	主轴电动机功率/kW	3.7/5.5
	Z/mm	500	主轴转速/（r·min⁻¹）	60~6 000
工作台 T 形槽宽/（mm×个数）		16×3	最大刀具质量/kg	7
工作台高度/mm		900	最大刀具直径/mm	180
$X/Y/Z$ 轴快移速度/（mm·min⁻¹）		5 000（特殊订货 10 000）	主轴鼻端至工作台面/mm	85~585
$X/Y/Z$ 轴进给速度/（mm·min⁻¹）		3 000	主轴中心至立柱面/mm	423
定位精度/mm		0.01/300	工作台内侧至立柱面/mm	85~535
重复定位精度/mm		±0.005	机床净重/kg	2 500
X 轴电动机/N·m		73	机床外形尺寸（长×宽×高）/（mm×mm×mm）	1 780×1 980×2 235

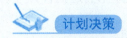

（一）教师准备

（1）XK714A 数控床身铣床电气原理图。

（2）GB/T 4728 常用电气图形与文字符号。

（二）学生准备

1. 了解工作任务要求

（1）电气原理图分析的方法与步骤。

（2）提前了解电气原理图的绘制原则和导线线号的标注方法。

2. 准备工具、器材等

计算机、CAXA 二维 CAD 软件。

 任务实施

（一）制定方案

老师提出电路分析的要求后，学生分组讨论（每组 3~4 人），并拟定电路分析步骤。

（二）确定方案

（1）教师给学生安排项目任务，学生分组讨论。

（2）学生现场对 XK714A 数控铣床电气电路图进行分析，学生按照拟定好的分析步骤操作，教师巡视指导，并及时纠正不正确的方法。

（3）学生对 XK714A 数控铣床电气电路分析进行小结，教师补充完善。

（4）确定绘制 XK714A 强电回路、XK714A 电源回路图、XK714A 交流控制回路图、XK714A 直流控制回路图的小组成员名单，每位小组成员绘制其中一个电路图。

（三）实施方案

1. 知识链接/示范讲解

下面以 XK714A 数控床身铣床的电气控制电路为例进行讲解。

（1）主回路分析。图 6-9 所示为 380 V 强电回路，图 6-9 中 QF1 为电源总开关。QF2、QF3、QF4 分别为伺服强电、主轴强电、冷却电动机的空气开关，它们的作用是接通电源及电源在短路、过流时起保护作用；其中 QF4 带辅助触头，该触点输入 PLC 的 X27 点，作为冷却电动机报警信号，并且该空开为电流可调，可根据电动机的额定电流来调节空开的设定值，起到过流保护作用。KM2、KM1、KM3 分别为控制主轴电动机、伺服电动机、冷却电动机交流接触器，由它们的主触点控制相应电动机；TC1 为主变压器，将交流 380 V 电压变为交流 200 V 电压，供给伺服电源模块主回电路；RC1、RC2、RC3 为阻容吸收器，当相应的电路断开后，吸收伺服电源模块、主轴变频器、冷却电动机的能量，避免上述器件产生过电压。

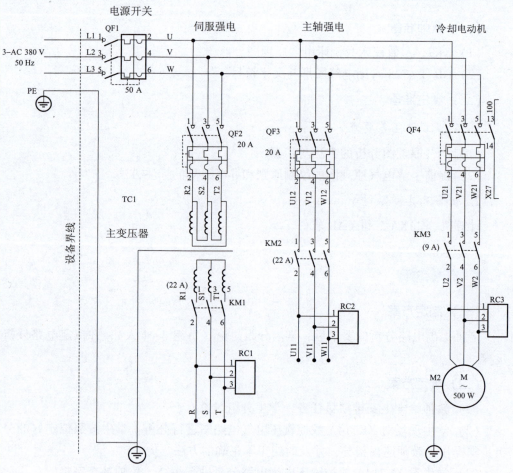

图 6-9　XK714A 强电回路图

　　（2）电源电路分析。图 6-10 所示为电源回路，图 6-10 所示中 TC2 为控制变压器，原方为 AC 380 V，副方为 AC 110 V、AC 220 V、AC 24 V，其中 AC 110 V 给交流接触器线圈、电柜热交换器风扇电动机提供电源；AC 24 V 给工作灯提供电源；AC 220 V 给主轴风扇电动机、润滑电动机和 24 V 电源供电，通过低通滤波器滤波给伺服模块、电源模块、24 V 电源提供电源控制；VC1、VC2 为 24 V 电源，将 AC 220 V 转换为 AD 24 V，其中 VC1 给世纪星数控系统、PLC 输入/输出、24 V 继电器线圈、伺服模块、电源模块、吊挂风扇提供电源，VC2 给 Z 轴电动机提供直流 24 V，将 Z 轴抱闸打开，QF7、QF10、QF11 空开，为电路的短路保护。

　　（3）控制电路分析。

　　主轴电动机的控制。图 6-11 和图 6-12 所示分别为交流控制回路图和直流控制回路图。先将 QF2、QF3 空开合上，当机床未压限位开关、伺服未报警、急停未压下、主轴未报警时，外部运行允许（KA2）、伺服 OK（KA3）、直流 24 V 继电器线圈通电，继电器触点吸合，并且 PLC 输出点 Y00 发出伺服允许信号，伺服强电允许（KA1），24 V 继电器线圈通电，继电器触点吸合，KM1、KM2 交流接触器线圈通电，KM1、KM2 交流接触器触点吸合，主轴变频器加上 AC 380 V 电压，当有主轴正转或主轴反转及主轴转速指令时（手动或自动），PLC 输出主轴正转 Y10 或主轴反转 Y11 有效、主轴 D/A 输出对应于主轴转速值，主轴按指令值的转速正转或反转；当主轴速度到达指令值时，主轴变频器输出主轴速度到达信号给 PLC 输入 X31（未标出），主轴正转或反转指令完成。主轴的启动时间、制动时间由主轴变频器内部参数设定。

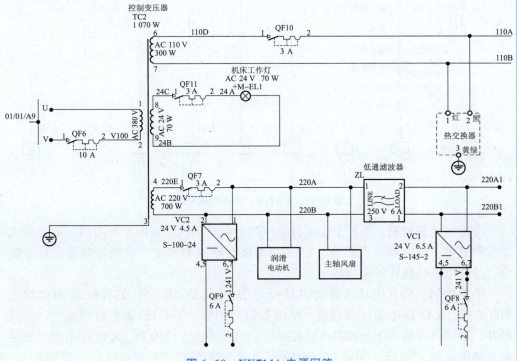

图 6-10　XK714A 电源回路

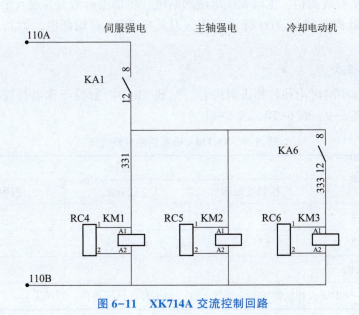

图 6-11　XK714A 交流控制回路

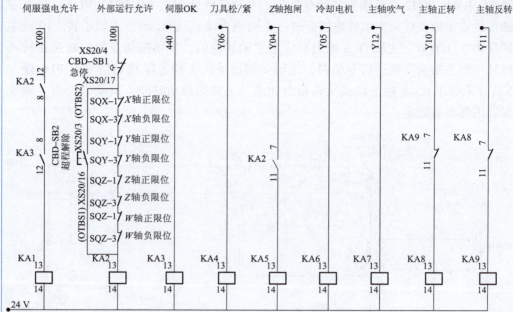

图 6-12　XK714A 直流控制回路

冷却电动机控制。当有手动或自动冷却指令时，PLC 输出 Y05 有效，KA6 继电器线圈通电，继电器触点闭合，KM3 交流接触器线圈通电，交流接触器主触点吸合，冷却电动机旋转带动冷却泵工作。

换刀控制。当有手动或自动刀具松开指令时，机床 CNC 装置控制 PLC 输出 Y06 有效，KA4 继电器线圈通电，继电器触点闭合，刀具松/紧电磁阀通电，刀具松开，手动将刀具拔下；延时一定时间后，PLC 输出 Y12 有效，KA7 继电器线圈通电，继电器触点闭合，主轴吹气电磁阀通电，清除主轴灰尘；延时一定时间后，PLC 输出 Y12 有效撤销，主轴吹气电磁阀断电。将加工所需刀具放入主轴后，机床 CNC 装置控制 PLC 输出 Y06 有效撤销，刀具松/紧电磁阀断电，刀具夹紧，换刀结束。

2. 分析报告

学生结合小组讨论和教师讲解内容，完成 TK1640 数控车床电气控制电路分析报告并填写表 6-9、表 6-10、表 6-11。

表 6-9　XK714A 强电回路分析报告

控制对象	控制		
	控制接触器	空气开关	阻容吸收
伺服强电			
主轴强电			
冷却电动机			

注：在表 6-9 中填入相应的控制元器件名称，如不存在该元器件，则填无。

表 6–10　XK714A 电源回路分析报告

元器件名称	作用
控制变压器 TC2 副方 AC 110 V	
控制变压器 TC2 副方 AC 220 V	
控制变压器 TC2 副方 AC 24 V	
24 V 电源 VC1	
24 V 电源 VC2	

表 6–11　XK714A 控制电路分析报告

控制对象	控制过程
主轴电动机	
冷却电动机	
换刀控制	

3. 绘制电路图

在理解 XK714A 数控床身铣床电路原理的基础上，使用 CAXA 二维 CAD 软件，绘制 XK714A 数控床身铣床控制电路图。

 检查评估

1. 成果展示

学生展示电路分析报告和绘制完成的数控铣床控制电路图，教师根据每组学生的掌握程度和出现的问题进行点评。

2. 过程评价

根据学生在完成项目过程中的情况，对学生的学习态度、准备工作、项目方

案、沟通协调、项目进度、项目报告等进行全面的点评，并填写表6-12。

表6-12　项目评价表

序号	检查项目	检查标准	学生自查	教师检查
1	学习态度（10分）	遵守课堂纪律，积极参与课堂教学活动，按要求完成准备工作，态度认真、严谨		
2	项目方案（10分）	项目方案制定合理，可实施性强		
3	综合素质（15分）	乐于请教和帮助同学，小组活动协调和谐，积极参与分组讨论，有团队合作精神		
4	项目进度（15分）	能够按照要求，积极参与项目方案制定，并及时完成相应任务内容		
5	项目报告（20分）	项目分析报告填写字迹工整，表述准确、严谨		
6	使用软件绘图能力（20分）	能够熟练使用 CAXA 软件进行绘图，图形符号选择正确，标注准确，布局合理		
7	创新能力（10分）	善于观察、分析、思考，能提出创新观点和独特见解		
检查评价	班级		第　组	组长签字	
	教师签字		日期		
	评语：				
收获反思					

课后习题与答案

习　　题

一、填空题

1. 数控机床电气设计电路一般由_____、_____和辅助电路等部分组成。
2. 数控机床电气控制电路包括_____、_____、刀架控制电路、冷却控制电路。
3. 点检维护是指对数控机床进行_____、_____的检查和维护。
4. 数控机床故障按故障发生的部位分类可分为_____、_____。

二、判断题

1. （　　）保证数控机床能稳定、可靠运行是数控机床电气控制电路设计原则之一。
2. （　　）数控机床电气控制电路的设计应高度重视保证人身安全和设备安全。
3. （　　）数控机床电气控制电路的设计无须考虑机械设计和工艺要求。
4. （　　）维修人员只要有较强的动手能力，不需要具有丰富的理论基础。
5. （　　）维修人员常用的仪表有万用表、示波器等仪器。
6. （　　）故障排除的顺序应为先方案后操作、先机械后电气。
7. （　　）开环式进给驱动系统是带有位置反馈环节的一种进给驱动系统。
8. （　　）维修人员需要具有一定的外语基础和专业外语基础。
9. （　　）数控机床故障按故障产生的原因分类可分为数控机床自身故障和数控机床外部故障。
10. （　　）开机自诊断是指数控系统通电时，由系统内部诊断程序自动执行的诊断，它类似于计算机的开机诊断。

三、选择题

1. 数控机床故障按故障的性质分类可分为确定性故障和（　　）。
A. 主机故障　　　B. 随机性故障　　　C. 机床自身故障　　D. 机床外部故障
2. （　　）是数控机床故障诊断中最基本、最简单的方法。
A. 直观法　　　　B. 参数检查法　　　C. 交换法　　　　D. 系统自诊断法

答　　案

一、填空题

1. 主回路，控制电路
2. 主轴控制电路，进给轴控制电路

3. 定点，定时

4. 主机故障 （机械故障），电气故障

二、判断题

1. √ 2. √ 3. × 4. × 5. √ 6. √ 7. × 8. √ 9. √ 10. √

三、选择题

1. B 2. A

参考文献

［1］杨克冲，陈古红，郑小年. 数控机床电气控制［M］. 武汉：华中科技大学出版社，2013.

［2］朱自勤，传感器与检测技术［M］. 北京：机械工业出版社，2021.

［3］叶伯生，计算机数控系统原理、编程与操作［M］. 武汉，华中理工大学出版社，2006.

［4］连赛英，机床电气控制技术［M］. 北京：机械工业出版社，2004.

［5］陈子银，数控机床结构原理与应用［M］. 北京：北京理工大学出版社，2018.

［6］余雷声，电气控制与PLC［M］. 北京：机械工业出服社，2001.

［7］陈古红，杨克冲，数控机床实验指南［M］. 武汉：华中科技大学出版社，2003.